AF311777

CATALOGUE
DES LIVRES

DE LA BIBLIOTHÉQUE

DE FEU M. LIÉNARD,

DOYEN HONORAIRE DES NOTAIRES DE PARIS,

Dont la Vente se fera le lundi 30 avril 1827, et jours suivans, à six heures très précises de relevée, en l'une des Salles de l'Hôtel de Bullion, rue J. J. Rousseau, n° 3.

Les Adjudications seront faites par Mᵉ SERRES, Commissaire-Priseur, rue de Braque, n° 6, au Marais.

A PARIS,

Chez DE BURE, frères, Libraires du Roi, et de la Bibliothéque du Roi, rue Serpente, n° 7.

1827.

ORDRE DES VACATIONS.

On pourra voir les Livres tous les jours, depuis une heure jusqu'à trois.

Tous les Livres seront vendus pour complets. On pourra les collationner pendant les deux heures d'exposition ; mais une fois sortis de la salle de vente , on ne les reprendra sous aucun prétexte.

Les articles rares , etc. qui se trouveroient dans les vingt-cinq premiers numéros de la vacation , seront vendus à la fin.

Les Livres seront vendus dans l'ordre qui suit :

1re *vacation, le lundi* 30 *avril* 1827.

Sciences et Arts.	34 —	42
Histoire.......	416 —	441
Belles-Lettres...	87 —	137
Théologie.....	1 —	10

2e *vacation, le mardi* 1er *mai.*

Sciences et Arts.	43 —	51
Théologie.....	11 —	20
Histoire......	442 —	467
Belles-Lettres...	138 —	188

3e *vacation, le mercredi* 2.

Sciences et Arts.	52 —	60
Jurisprudence..	21 —	33
Histoire......	468 —	493
Belles-Lettres...	189 —	236

4e *vacation, le jeudi* 3.

Sciences et Arts.	61 —	69
Histoire.......	494 —	520
Belles-Lettres...	237 —	296

5e *vacation, le vendredi* 4.

Histoire.......	521 —	547
Sciences et Arts.	70 —	78
Belles-Lettres...	297 —	355

6e *vacation, le samedi* 5.

Sciences et Arts.	79 —	86
Histoire.......	548 —	574
Belles-Lettres ..	356 —	415

AVERTISSEMENT.

Sɪ le Catalogue de feu M. Liénard ne se compose que
d'un petit nombre d'articles, nous pouvons dire que
ce sont au moins des Livres choisis, et généralement
d'une belle et riche condition. On y trouvera des Elzeviers, des Variorum in-8. et in-4. dont plusieurs sont
en grand papier; nos meilleurs Classiques français, des
éditions modernes, presque tous imprimés sur papier
vélin; les grandes éditions de MM. Didot, in-fol. et in-4.
et un livre d'une excessive rareté, le n° 366, Collection
complète des auteurs latins, ad usum Delphini, 63 vol.
in-4. toute reliée en maroquin d'une ancienne reliûre.
Nous pouvons dire que cet exemplaire est un des plus
beaux qui ait jamais passé dans une vente. Ce Catalogue
est si peu volumineux, que nous ne citerons que quelques articles comme plus remarquables, ce sont les
n°ˢ 4, Bible de Sacy, avec les figures de Marillier, avant
la lettre, Gr. Pap. Vél. le n° 161, Virgilius Heynii,
6 vol. in-8. Pap. Vél. magnifique exemplaire; le n° 178,
Ovidius Burmanni, 4 vol. in-4. Gr. Pap. le n° 190,
Prudentius ad usum : cet exemplaire est indépendant
de celui de la collection, et en est un des volumes les
plus rares; le n° 436, Voyage de Chardin en Perse,

4 vol. in-4. le n° 556, Plutarque, 25 vol. in-4. Pap.
Vélin, etc.

Les amateurs d'anciennes reliûres en trouveront un
assez grand nombre de Derome, entre autres le Dictionnaire de Bayle, de 1720, 4 vol. in-fol. rel. en mar.
rouge.

P.

Legras.

Romanet.

P.

Legras.

1. plai. hz⁺ Lanr. mz⁺

2. pois. bz⁺ Lanr. iz⁺

4. plai. ezz⁺ dru.

5. pois. az⁺

6. Lanr. it

7. of.

CATALOGUE
DES LIVRES
DE FEU M. LIÉNARD.

THÉOLOGIE.

1. BIBLIA sacra vulgatæ versionis, ad instit. Delphini. *Paris. Didot aîné,* 1785, 2 *vol. in-4. dem. rel. dos de m. r. non rogné. Pap. Vél.*

2. La Bible, en latin et en françois, avec des explications, (par L. I. le Maistre de Sacy.) *Paris,* 1725, 32 *vol. in-8. v. éc.*

3. La Sainte Bible, trad. en françois, par de Sacy. *Paris,* 1730, 10 *vol. in-12. v. b.*

4. La Sainte Bible, trad. en françois, par L. I. le Maistre de Sacy, ornée de 300 figures, d'après les dessins de Marillier. *Paris,* 1789 *et ann. suiv.* 12 *vol. in-4. m. r. dent. Gr. Pap. Vél. fig. avant la lettre.*

5. Histoire de l'Ancien et du Nouveau Testament, par de Royaumont. *Paris,* 1812, *in-8. fig. cart. Pap. Vél.*

6. Antiquités judaïques, ou Remarques critiques sur la République des Hébreux, par Basnage. *Amst.* 1713, 2 *vol. in-8. fig. v. f.*

7. Homélies, Discours et Lettres choisies de Saint Jean Chrysostôme, trad. du grec, par Auger. *Paris,* 1785, 4 *vol. in-8. v. porph. dent.*

8. Homélies et Lettres choisies de Saint Basile, trad. du grec, par Auger. *Paris,* 1788, *in-8. v. porph. dent.*

9. Les Provinciales, par B. Pascal. *Clermont*, 1752, *in-*12. *m. bl.*

10. Les mêmes. *Paris, P. Didot l'aîné*, 1816, 2 *vol. in-*8. *m. r. dent. Pap. Vél.*

11. OEuvres de Massillon. *Paris, Renouard*, 1810, 13 *vol. in-*8. *v. f. dent. Pap. Vél.*

12. Le Petit Carême de Massillon, pour l'éduc. du Dauphin. *Paris, Didot*, 1789, *in-*4. *dem. rel. dos de m. r. non rogné. Pap. Vél.*

13. Le même. *Paris, P. Didot l'aîné*, 1812, *in-*8. *m. r. dent. Pap. Vél.*

14. Th. à Kempis de Imitatione Christi lib. ix, edente P. Lambinet. *Parisiis*, 1810, *in-*12. *fig. v. f. Pap. Vél.*

15. Pensées de Blaise Pascal. *Paris*, 1803, 2 *vol. in-*18. *v. r.*

16. Les mêmes. *Paris, P. Didot l'aîné*, 1817, 2 *vol. in-*8. *dem. rel.*

17. Les mêmes, de la même édition. 2 *vol. in-*8. *m. r. dent. Pap. Vél.*

18. Essai sur l'Indifférence en matière de Religion, par l'abbé de la Mennais. *Paris*, 1819, *in-*8. *dem. rel. Le tome premier.*

19. État de l'Homme dans le péché originel. 1774, *in-*18. *v. uni.*

20. La Religion des Mahométans, tirée du latin de Reland. *La Haye*, 1721, *in-*12. *fig. m. r.*

JURISPRUDENCE.

21. Les Inconvéniens du Célibat des Prêtres, prouvés par des recherches historiques, (par l'abbé Gaudin.) *Genève*, 1781, *in-*8. *v. b.*

22. De l'Esprit des Lois, par Montesquieu. *Paris, P. Didot l'aîné*, 1820, 4 *vol. in-*8. *dem. rel. dos de m. Pap. Vél.*

10. pois. ai⁺ Laur. am⁺
11. pois. bi⁺ Laur. iz⁺

16. Laur. e⁺
17. Laur. am⁺

22. pois. ax⁺ Laur. ai⁺

Simonet
p.

Legrad.
Rouand.
girad.
Chobec
Simonet
Merlin

10ca

motelet

Bartholin

Serres.

Crozet

waré onde   24. Laur x +

p.

p.   27. thou p +y

waré onde   28. Laur. h 2 +

p.

waré onde

girvud.

p.

Kilian

merlin   35. No. p x +

23. De la Législation, par de Mably. *Amst.* 1776, 2 *tom. en* 1 *vol. in*-12. *v. j.*

24. Les Loix de la Nature expliquées par Cumberland, publ. par Barbeyrac. *Leide,* 1757, *in*-4. *v. f. dent.*

7 — 95 — 8

25. Le Droit de la Nature et des Gens, trad. du lat. de Pufendorf, par Barbeyrac. *Londres,* 1740, 3 *vol. in*-4. *v. b.*

14 — 95

26. H. Grotii de Jure Belli ac Pacis lib. tres, cum not. J. F. Gronovii. *Amst.* 1712, *in*-8. *v. b.*

4

27. Les Devoirs de l'Homme et du Citoyen, trad. du latin de Puffendorf, par Barbeyrac. *Amst.* 1756, 2 *vol. in*-12. *v. m.*

3 — 60

28. Corpus Juris civilis. *Amst. Elzevirii,* 1664, 2 *vol. in*-8. *m. r. doub. de m. r. dent. l. r.*

100

29. Code Civil des Français. *Paris,* 1804, *in*-8. *v. b.*

30. Code de Procédure civile. *Paris,* 1806; Code de Commerce. *Paris,* 1810; et Code Pénal. *Paris,* 1810, 3 *vol. in*-8. *v. j.*

5 — 60

31. Traité élémentaire du Notariat, par E. H. Garnier Deschesnes. *Paris,* 1807, *in*-8. *br.*

1 — 50

32. Constitution de l'Angleterre, par De Lolme. *Paris,* 1788, 2 *tom. en* 1 *vol. in*-8. *v. j.*

2

33. Défense des Constitutions américaines, par John Adams. *Paris,* 1792, 2 *vol. in*-8. *v. r.*

3

SCIENCES ET ARTS.

PHILOSOPHIE.

34. Bibliothéque des anciens Philosophes, par Dacier. *Paris,* 1771, 5 *vol. in*-12. *v. f. dent.* = La République, les Lois et les Dialogues de Platon, trad. par Grou. *Amst.* 1763, 6 *vol. in*-12. *v. f.*

25 — 5

35. L. A. Senecæ philosophi Opera, cum not. var. *Amst. D. Elzevir.* 1672, 3 *vol. in*-8. *v. b.*

37

36. Les OEuvres de Sénèque le philosophe, trad. par Lagrange. *Paris*, 1778, 7 *vol. in*-12 *v. m.*

37. Pensées de Sénèque recueillies par de la Beaumelle. *Paris, Barbou*, 1768, *in*-12. *v. f.*

38. Opere filosofiche del conte P. Verri. *Parigi*, 1784, *in*-8. *v. f. Gr. Pap. de Holl.*

39. Les OEuvres du comte de Shaftsbury, trad. de l'anglois. *Genève*, 1769, 3 *vol. in*-8. *v. j.*

Morale.

40. La Logique, ou l'Art de penser, par MM. de Port-Royal. *Amst.* 1675, *in*-12. *m. vert. dent.*

41. Les Caractères de Théophraste, avec les Caractères ou les Mœurs de ce siècle, par de La Bruyère, avec les notes de Coste. *Amst.* 1743, 2 *vol. in*-12. *v. f.*

42. Les mêmes, avec des notes, par Coste. *Paris*, 1765, *in*-4. *m. r.*

43. Les mêmes. *Paris, P. Didot l'aîné*, 1813, 2 *vol. in*-8. *m. r. dent. Pap. Vél.*

44. Le Manuel d'Epictète et les Commentaires de Simplicius, trad. du grec, par Dacier. *Paris*, 1776, 2 *vol. in*-12. *v. f. dent.*

45. Maximes et Réflexions morales du duc de la Rochefoucauld. *Paris, Impr. Roy.* 1778, *in*-8. *m. r. dent. tab.*

46. Les mêmes. *Paris, P. Didot l'aîné*, 1796, *in*-4. *dem. rel. dos de m. r. non rogné. Pap. Vél.*

47. Les mêmes. *Paris, P. Didot*, 1815, *in*-8. *m. r. dent. Pap. Vél.*

48. Le Spectateur, ou le Socrate moderne, trad. de l'angl. d'Addison. *Amst.* 1746, 8 *vol. in*-12. *v. f.*

49. Le Mentor moderne, ou Discours sur les mœurs du siècle, trad. de l'anglois du Guardian, d'Addison, etc. *Amst.* 1727, 2 *vol. in*-12. *v. m.*

50. Traité du vrai mérite de l'Homme, par le Maître de Claville. *Paris*, 1740, 2 *vol. in*-12. *v. m.*

Simonet.

Crozet.

Labitte

Idem

p.

40. cous. at. y. grep. 6+
41. pois. 6+

Legras

idem

girard.

idem

reverse imparfait.

47. pois. x+ Laur. 6+

Romanet

p.

Bartholine

mobilet.

giraud.

idem

~~Acert~~ Crozet.

idem

p.

martin

60. pois. i^t

62. pois. p^t

S1. no. 772 page.
S2. no.
S3. pois. e^t

51. De la Sagesse, trois livres, par P. Le Charron. *Bordeaux*, 1601, *in-8. m. r. dent.*

52. Le même ouvrage. *Leide, J. Elsevier, in-*12*. m. r.*

53. Le même. *Amst. Elzeviers*, 1662, *in-*12*. m. r. dent. l. r.*

54. La Fable des Abeilles, ou les Fripons devenus honnêtes gens, trad. de l'angl. *Londres*, 1740, 4 *tom. en* 2 *vol. in-*12. *v. f.*

Politique, etc.

55. De la République, traité de J. Bodin. *Paris*, 1756. = Du Gouvernement civil, par Locke. *Bruxelles*, 1754, *in-*12. *v. m.* = Les Rêves d'un homme de bien, par de Saint-Pierre. *Paris*, 1775, *in-*12, *v. m.*

56. Aphorismes politiques de J. Harrington, trad. de l'angl. *Paris, Didot jeune, l'an* III, (1795,) *in-*12 *cart. Pap. Vél.*

57. Considérations politiques sur les coups d'Estat, par G. Naudé. *Sur la copie de Rome*, 1666, *in-*12. *v. j.*
Avec la sphère.

58. Elementa philosophica de Cive, auct. T. Hobbes. 1742, *in-*12. *v. m.*

59. Du Gouvernement civil, par Locke, trad. de l'angl. *Amst.* 1755, *in-*12. *v. f.* = De l'Education des enfans, par le même. *Amst.* 1721, *in-*12. *v. j.*

60. Machiavel commenté par Buonaparte. *Paris*, 1816, *in-8. v. j.*

61. Mémoires pour servir à l'Histoire générale des finances, par Deon de Beaumont. *Amsterdam*, 1760, 2 *tom. en* 1 *vol. in-*12. *v. f.*

62. Abrégé de l'Essai de Locke, sur l'entendement humain, trad. de l'angl. *Londres*, 1746, *in-*12. *v. m.* = Essai sur l'origine des connaissances humaines, par de Condillac. *Amst.* 1746, 2 *tom.* en 1 *vol. in-*12. *v. m.*

63. Recherches sur l'origine des idées que nous avons de la beauté et de la vertu, trad. de l'angl. (de Hutcheson.) *Amsterdam*, 1750, 2 *tom. en* 1 *vol. in-8. v. f.*

Physique. Histoire naturelle, etc.

64. Traité élémentaire de Physique, par Haüy. *Paris*, 1806, 2 *vol. in-8. fig. v. r.*

65. Idée du Monde, par A. T. Chevignard de la Pallue. *Paris*, 1782, 2 *vol. in-12. fig. v. m.*

66. C. Plinii Secundi Historia naturalis, cum not. G. Brotier. *Paris. Barbou*, 1779, 6 *vol. in-12. v. f.*

67. Histoire naturelle de Pline, trad. en franç. avec le texte latin, par Poinsinet de Sivry. *Paris*, 1771, 12 *vol. in-4. v. m.*

68. Morceaux extraits de l'Histoire naturelle de Pline, trad. en français, avec le texte en regard, par Gueroult. *Paris*, 1785, *in-8. v. j.*

69. Histoire naturelle des animaux, par Pline, trad. en français, avec le texte en regard, par Gueroult. *Paris*, 1802, 3 *vol. in-8. v. j.*

70. Histoire naturelle générale et particulière du Cabinet du Roi, par de Buffon. *Paris, Imprim. Roy.* 1749, 37 *vol. in-4. fig. v. f.* Les Cartes pour les minéraux sont br. en carton. = Histoire naturelle des Ovipares et des Serpens, par de Lacépède. *Paris*, 1788, 2 *vol. in-4. fig. v. f.* = Histoire naturelle des Poissons, par le même. *Paris*, 1798, *in-4. fig. les tomes* 1 *à* 3. *Le tome* 1er. *v. f. les tomes* 2 *et* 3 *cart. en tout* 42 *vol.*

71. Etudes de la Nature, par J. H. Bernardin de Saint-Pierre. *Paris*, 1784, 4 *vol. in-12. fig. v. j.* = Vœu d'un Solitaire, par le même. 1789, *in-12. br.*

66. Chon. px+

69. grep. ai+
70. pois. mxz+ dejo. ccxz+

71. dest. pois. n+

p.

Rouanet.

idem

Merlin

girod.

porquet.

p.

Romance.

p.

parquet

p.

74. Laur. hit

79. Letri. cheap.

80. grep. it

Serres -

Crozet.

Leclerc

idem

72. Nouveau Dictionnaire d'Histoire naturelle appliquée aux arts. *Paris*, 1803, 24 *vol. in-8. fig. v. r.*   *97 - 50.*

73. Géographie-Physique, ou Essai de l'Histoire naturelle de la terre, trad. de l'anglais de Wodward, par Noguez. *Amst.* 1735, *in-8. v. f.*

74. Nouveau Cours d'Agriculture théorique et pratique. *Paris*, 1809, 13 *vol. in-8. fig. v. f.*   *47 - 5.*

75. Veni mecum de Botanique, par Marquet. *Paris*, 1773, 2 *vol. in-12. v. f.*   *1 - 50.*

76. Mémoires pour servir à l'Histoire naturelle des Insectes, par de Réaumur. *Paris, Impr. Roy.* 1734, 6 *vol. in-4. fig. m. r.*   *26 -*

77. De la Santé des gens de Lettres, par Tissot. *Paris*, 1769. = L'Onanisme, par le même. *Toulouse*, 1765, *in-12. v. m.*

78. Essai sur les probabilités de la durée de la Vie humaine, par Deparcieux. *Paris*, 1746, *in-4. v. m.*   *3.*

Astronomie, etc.

79. Histoire de l'Astronomie ancienne et moderne, et Traité de l'Astronomie indienne, par J. S. Bailly. *Paris*, 1781, 1785 *et* 1787, 5 *vol. in-4. fig. v. f.*   *15 - 95 *

80. Étude du Ciel, ou Connaissance des Phénomènes astronomiques mise à la portée de tout le monde, par Mollet. *Lyon*, 1803, *in-8. fig. v. f.*   *5   10.*

81. Entretiens sur la pluralité des Mondes, par de Fontenelle. *Paris*, 1769, *in-12. m. vert.*   *5.*

82. Le même. *Paris, Didot jeune*, 1796, *in-4. fig.* dem. rel. dos de m. r. non rogné. Pap. Vél.*   *7.*

83. Spécimen des nouveaux Caractères de la Fonderie et de l'Imprimerie de P. Didot l'aîné. *Paris, P. Didot l'aîné*, 1819, *in-8. cart.*

84. Traité d'Achitecture rurale, par de Perthuis. *Paris*, 1810, *in-4. fig. v. f.*   *11 -*

85. Victoires, Conquêtes, Désastres, etc. des Français, de 1792 à 1815. *Paris*, 1817, *in-8. br.* les tom. 1 à 4.

86. Le grand Trictrac, ou Méthode pour apprendre sans maître la marche, les règles, etc. de ce jeu. *Paris*, 1766, *in-8. fig. v. m.* = Traité du jeu des Echecs, par une société d'amateurs. *Paris*, 1775, *in-12. dem. rel.*

BELLES-LETTRES.

Principes de Littérature et de Grammaire, etc.

87. Cours d'Études pour l'instruction du Prince de Parme, par de Condillac. *Aux Deux-Ponts,* (*Parme, Bodoni,*) 1782, 13 *vol. in-8. v. f. dent.*

88. Lycée, ou Cours de Littérature ancienne et moderne, par La Harpe. *Paris, an* VII, (1799,) 16 *tom. rel. en* 18 *vol. in-8. v. m.*

89. Grammaire générale et raisonnée, contenant les fondemens de l'art de parler. *Paris*, 1660, *in-12. v. f.*

90. La vraie manière d'apprendre une Langue quelconque vivante ou morte, par le moyen de la langue française, ou Traduction littérale des œuvres d'Horace et de Phèdre, avec le texte en regard, (par N. Adam.) *Paris*, 1787, 4 *tom. en* 3 *vol. in-8. dem. rel.*

91. Nouvel abrégé de la Grammaire grecque, par Furgault. *Paris*, 1789, *in-8. v. f. dent.*

92. Le Jardin des Racines grecques. *Paris*, 1774, *in-12. v. m.*

93. Dictionnaire grec–français, par J. Planche. *Paris*, 1809, *in-8. v. f.*

Le clerc

merlin

Letellier

88. Lie.

89. pois. m^{t}y

martin

93. gryp. az$^+$

P.

Merlin   9.4. Laur. x+

idem

idem

M De Noilly

Bertrand.

Merlin

guild

truchy

crozet.

fayolle

Merlin

Nozeran

*Grammaires et Dictionnaires des Langues latine
et française, etc.*

94. Nouvelle Méthode pour apprendre facilement
la Langue latine, (par MM. de Port-Royal.)
Paris, 1761, *in*-8. *v. rac.*

95. Cours de Latinité, par Vanière. *Paris*, 1799,
3 *vol. in*-8. *br.*

96. Cours de Langue latine, par Luneau de Boisjermain. *Paris*, 1787, 5 *vol. in*-8. *cart.*

97. Dictionarium univers. latino-gallicum, auct.
J. Boudot. *Parisiis*, 1771, *in*-8. *bas.*

98. Nouveau Dictionnaire latin-françois, par
F. Noel. *Paris*, 1807, *in*-8. *v. f.*

99. Dictionarium latino-gallicum, edente F. Noel.
Paris. 1808, *in*-4. *br.*

100. J. Vanierii Dictionarium poeticum. *Lugduni*,
1710, *in*-4. *bas.*

101. De l'Universalité de la Langue française, par
Rivarol. *Paris*, 1785, *in*-12. *v. j.* = Grammaire
des gens du monde, par Philippon de la Made-
laine. *Paris*, 1807, *in*-12. *dem. rel.*

102. Glossaire de la Langue Romane, par J. B. B.
Roquefort. *Paris*, 1808, 2 *vol. in*-8. *m. v. dent.*
Pap. Vél.

103. Dictionnaire du vieux Langage françois, par
Lacombe. *Paris*, 1766, 2 *vol. in*-8. *v. m.*

104. Grammaire des Grammaires, ou Analyse
raisonnée des meilleurs traités sur la Langue
françoise, par M. Girault-Duvivier. *Paris*, 1818,
2 *vol. in*-8. *dem. rel.*

105. Remarques sur la Langue française, par
d'Olivet. *Paris, Barbou*, 1771, *in*-12. *v. b.*
= Racine vengé, par le même. *Avignon*, 1739,
in-12. *v. j.*

106. Les vrais Principes de la Langue françoise,
par Girard. *Paris*, 1747, 2 *vol.* 12. *v. m.* = Prin-

cipes de la Langue françoise, par de Wailly. *Paris*, 1777, *in-*12. *v. m.*

107. Synonymes français, par Girard, publ. par Beauzée. *Paris*, 1769, 2 *vol. in-*12. *v. m.* ═ Rhétorique française, à l'usage des jeunes Demoiselles, par Gaillard. *Paris*, 1810, *in-*12. *dem. rel.*

108. Dictionnaire étymologique des Mots français dérivés du grec, par J. B. Morin, avec des notes par d'Ansse de Villoison. *Paris*, 1803, *in-*8. *v. j.*

109. Dictionnaire de l'Académie Françoise. *Paris*, 1762, 2 *vol. in-fol. v. m.*

110. Dictionnaire universel, françois-latin, appelé de Trevoux. *Paris*, 1771, 8 *vol. in-fol. v. m.*

111. Nouveau Dictionnaire français-latin, par F. Noel. *Paris*, 1808, *in-*8. *v. f.*

112. Dictionnaire universel de la Langue françoise, avec le latin, par Boiste. *Paris*, 1808, *in-*4. *v. j.*

113. Dictionnaire de la Langue française, par J. Ch. Laveaux. *Paris*, 1820, 2 *vol. in-*4. *v. f.*

114. Nouveau Dictionnaire grammatical, par Chapsal. *Paris*, 1808, *in-*8. *dem. rel.*

115. Dictionnaire des Proverbes français. *Paris*, 1821, *in-*8. *dem. rel. dos de m. vert.*

116. Discours préliminaire du nouveau Dictionnaire de la Langue française, par de Rivarol. *Paris*, 1797, *in-*4. *v. r.*

117. Dictionnaire français-italien et italien-français, par Alberti. *Marseille*, 1772, 2 *vol. in-*4. *v. m.*

Rhétorique. Orateurs grecs, latins, etc.

118. Aristotelis Rhetorica, gr. *Oxonii, e Theat. Sheldon.* 1759, *in-*8. *v. m. Ch. Mag.*

119. Harangues tirées d'Hérodote, de Thucydide et de Xénophon, trad. du grec, par Auger. *Paris*, 1788, 2 *vol. in-*8. *v. porph. dent.*

120. Les Orateurs athéniens, ou les Harangues

p.

porquet.

merlin

p.

letellier

113. pois. pp†

115. Laur. p†

p.

p.

bertrand.

ludet

118. grep. ah†

Bartholene

120. cous. m†

Bien

Barthole~

p.

Labitte

p.

p.

nozeran~

Merlin~

121. cous. x$^+$ grep. ax$^+$

122. cous. m$^+$

123. cous. ~~am~~ am$^+$

125. Dru.

127. pois. xz$^+$

131. pois. xz$^+$ Laur. hi$^+$

133. Laur. b$^+$

de Lycurgue, d'Andocide, d'Isée, etc. trad. du grec, par Auger. *Paris*, 1792, *in-8. v. porph. dent.*

121. OEuvres complètes d'Isocrate, trad. du grec, par Auger. *Paris*, 1781, 3 *vol. in-8. v. porph. dent.*

122. OEuvres complètes de Lysias, trad. du grec, par Auger. *Paris*, 1783, *in-8. v. porph. dent.*

123. OEuvres complètes de Démosthène et d'Eschine, trad. du grec, par Auger. *Paris*, 1784, 6 *vol. in-8. v. porph. dent.*

124. M. F. Quintiliani Institutiones oratoriæ et declamationes, cum not. var. *Lugd. Bat.* 1665, 2 *vol. in-8. vél.*

125. Idem opus, cum not. var. cur. P. Burmanno. *Lugd. Bat.* 1720, 2 *vol. in-4. v. f. Ch. Mag.*

126. Quintilien, de l'institution de l'Orateur, trad. par Gedoyn. *Paris*, 1770, 4 *vol. in-12. v. m.*

127. M. Tullii Ciceronis Opera. *Glasguæ, Foulis*, 1749, 20 *vol. pet. in-12. v. f. l. r. Ch. Pura.*

128. Eadem, cum indicibus et variis lectionibus. *Oxonii, e typogr. Clarendoniano*, 1783, 10 *vol. gr. in-4. cuir de Russie. R. A.*

129. M. T. Cicero de Officiis. *Lutetiæ, J. Barbou*, 1773, *in-24. m. bl. dent. tab.*

130. Recueil de traductions de différens ouvrages de Cicéron et l'Histoire de Cicéron, par Prevost. *Paris*, 1745 *et ann. suiv.* 26 *vol. in-12. v. f.*

131. Oraisons funèbres de Bossuet, Fléchier, et autres orateurs, avec des Notices, par M. Dussault. *Paris*, 1820, 4 *vol. in-8. cart. Gr. Pap. Vél. fig. avant la lettre.*

132. Recueil des Oraisons funèbres prononcées par J. B. Bossuet. *Paris*, 1762, *in-12. v. m.* = Petit Carême de Massillon. *Paris*, 1769, *in-12. v. m.*

133. Oraisons funèbres de Bossuet. *Paris, P. Didot l'aîné*, 1814, *in-8. m. r. dent. Pap. Vél.*

134. Recueil des Oraisons funèbres de Fléchier. *Paris*, 1774, *in-12. v. m.* = Le Pseautier françois, trad. par La Harpe. *Paris, an* VI, (1798,) *in-12. v. porph.*

135. Éloges, par Thomas. *Paris*, 1763, 2 *vol. in-8. v. f.*

136. Discours du général Foy. *Paris*, 1826, 2 *vol. in-8. br.*

POÉTIQUE.

Poètes grecs.

137. Les quatre Poétiques d'Aristote, d'Horace, de Vida et de Despréaux, avec les traductions en regard des textes, par Batteux. *Paris*, 1771, 2 *vol in-8. m. r. Gr Pap. de Hollande.*

138. L'Iliade et l'Odyssée d'Homère, trad. par mad. Dacier. *Paris, Rigaud*, 1711, 6 *vol. in-12. fig. m. r.*

139. Le même ouvrage, trad. par Bitaubé. *Paris*, 1780, 6 *vol. in-8. v. m.*

140. Anacreontis Carmina, gr. *Parmæ*, (*Bodoni*,) 1791, *in-18. m. bl.*

141. Les Œuvres d'Anacréon et de Sapho, trad. du grec en vers françois, avec le texte en regard, par de Longepierre. *Paris*, 1692, *in-12. v. m.*

142. Les Poésies d'Anacréon et de Sapho, trad. du grec en françois, avec le texte en regard, par madame Dacier. *Amst.*, 1716, *in-12. v. b.*

143. Anacréon, Sapho, Bion et. Moschus, trad. (par Moutonnet-Clairfons.) *Paris*, 1780, *in-8. v. éc.*

144. L'Expédition des Argonautes, trad. du grec d'Apollonius de Rhodes, par M. Caussin. *Paris*, *l'an* V, (1797,) *in-8. m. r. dent.*

145. Les Amours de Léandre et Héro, poëme de Musée, trad. du grec en françois, avec le texte, (par de Laporte-Dutheil.) *Paris*, 1784, *in-12. m. citr. l. r.*

merlin

p.
guitel

137. no. Laur. ai+

138. poir. hz+

marie oncle

Ronard

Le gras

Ronard

143. grep. x+

144. cour. m+ y c. grep. 6+

145. Laur. yy+

Bartholanc

truchy

Ronard

Legras.

Rouanet.

Labitte

149. no. thou. iz+

150. thou. mit+

151. dru. thou. aiz+

wancioncle

motelet.
girod.

Rouanet

p.

156. gvep. x+

158. pois. n+

Bartholony

146. Théâtre des Grecs, par le P. Brumoy, nouv.
édition publiée par de Rochefort et de Laporte-
Dutheil. *Paris*, 1785, 13 *vol. in-4. m. r. dent.
tab. fig. avant la lettre. Gr. Pap. Vél.*

147. Théâtre d'Eschyle, trad. en françois, avec le
texte grec en regard, par de Laporte-Dutheil.
Paris, an III, (1795,) 2 *vol. in-8. fig. v. f. dent.
Pap. Vél.*

148. Aristophanis Comœdiæ, gr. et lat. cum notis
S. Bergleri, cur. P. Burmanno Secundo. *Lugd.
Bat.* 1760, 2 *tom. en* 1 *vol. in-4. vél.*

Poètes latins.

149. T. Lucretii Cari de Rerum Natura libri sex,
cum not. var. cur. S. Havercampo. *Lugd. Bat.*
1725, 2 *vol. in-4. fig. vél.*

150. Lucrèce, trad. en franç. par Lagrange, avec
le texte en regard. *Paris*, 1768, 2 *vol. in-8. fig.
v. éc. Gr. Pap.*

151. Catullus, Tibullus et Propertius, cum comment. J. A. Vulpii. *Patavii*, 1737, *et ann. seq.*
4 *vol. in-4. v. f.*

152. Iidem. *Parisiis, Barbou*, 1754, *in-12. fig. m. r.*

153. Traduction en prose des Poésies de Catulle,
Tibulle et Gallus, avec le texte en regard, (par
de Pesay.) *Paris*, 1771, 2 *vol. in-8. v. f. Gr. Pap.*

154. Traduction complète des Poésies de Catulle,
suivie des Poésies de Gallus, par F. Noel, avec
le texte en regard. *Paris*, 1803, 2 *vol. in-8.
v. gauffré.*

155. P. Virgilii Maronis Opera, cum not. var. accurante C. Schrevelio. *Lugd. Bat.* 1666, *in-8. v. f.*

156. Idem Virgilius, cum notis var. ex recens. P.
Masvicii. *Leovardiæ*, 1717, 2 *vol. in-4. vél. dent.*

157. Idem. *Dublinii*, 1745, *in-8. m. r. dent.*

158. Idem, cum not. C. Ruæi, in usum Delphini.
Londini, 1781, *in-8. v. b.*

159. Idem. *Parisiis, Barbou*, 1790, 2 *vol. in-*12. *v. j.*

160. Idem. *Parisiis, P. Didot, an* VI, (1798,) *in-*12. *v. j. Pap. Vél. édit. stéréot.*

160*. P. Virgilii Maronis Bucolica, Georgica et Æneis. *Paris. P. Didot*, 1798, *in-fol. max. br. en cart. n°* 19 *sur* 250. *Pap. Vél. fig. avant la lettre.*

161. Idem, varietate lectionis et perpetuâ annotatione illustratus, à C. G. Heyne. *Lipsiæ,* 1800, 6 *vol. in-*8. *fig. m. bl. dent. R. A. Pap. Vél.*

162. Les Œuvres de Virgile, trad. en français, par Desfontaines, avec le texte. *Paris*, 1743, 4 *vol. in-*8. *fig. v. m.*

163. Les mêmes, trad. en franç. avec le texte en regard. *Paris,* 1780, 4 *vol in-*12. *v. f.*

164. Les Géorgiques de Virgile, trad. en vers françois par Delille, avec le texte en regard. *Paris,* 1770, *in-*8. *fig. v. f.*

165. Q. Horatius Flaccus, cum not. var. et schol. J. Bond, accurante C. Schrevelio. *Lugd. Bat.* 1670, *in-*8. *m. r. dent.*

166. Idem. *Paris. e Typ. Reg.* 1733, *in-*24. *m. vert.*

167. Idem, accurante S. A. Philippe. *Lutet. Paris. Coustelier,* 1746, *in-*12. *m. r. dent. Ch. Fort.*

168. Idem, cum annot. J. Bond. *Aurelianis,* 1767, *in-*12. *m. r.*

169. Idem, cur. J. Valart. *Parisiis,* 1770, *in-*8. *m. vert. dent.*

169*. Q. Horatius Flaccus. *Paris. P. Didot,* 1799, *in-fol. max. br. en cart. n°* 19 *sur* 250. *Pap. Vél. fig. avant la lettre.*

170. Idem, éditio stereot. Herhan. *Parisiis,* 1808, *in-*12. *m. vert. dent. Pap. Vél.*

171. Œuvres d'Horace, trad. en françois, avec le texte en regard, par Tarteron. *Amst.* 1710, 2 *vol. in-*12. *v. f.* ═ Satires de Perse et de Juvénal, trad. par le même. *Paris,* 1737, *in-*12. *v. b.*

172. Les Poésies d'Horace, trad. en françois, avec

60*. plai. miz†

61. dru.

164. pour. i†

165. pois. e†

168. Laur. i†

Le tellier

hippolyte

Kilian

Sauvignet

Waric oncle

Bartholeno

Le gras.

motder

p.

Roule

p.

Crozet

Warie oncle

Labitte

174. pois. xᵗ
Barthola
175. Lanr. iᵗ
giron

Letellier

177. # dru.

truchy

179. pois. iz⁺ Lanr. pxᵗ

p.

giron

marlin

Marie oncle
183. grop. mhᵗ
truchy

Janonignat.

le texte en regard, par Sanadon. *Amst.* 1756,
8 *vol. in-*12. *m. r. Gr. Pap.*

173. Phædri Fabulæ, cum not. Dav. Hoogstratani.
Amst. 1701, *in-*4. *fig. vél.*

174. Idem, cum not. var. curante P. Burmanno.
Lugd. Bat. 1728, *in-*8. *v. b.*

175. Idem, et P. Syri Sententiæ. *Paris. e Typ. Reg.*
1729, *in-*24. *m. vert. Ch. Mag.*

176. Idem Phædrus, cum emend. S. A. Philippe.
Lut. Par. 1748, *in-*12. *m. r. dent. Ch. Pura.*

177. Idem, ed. eodem. *Parisiis, Barbou,* 1754,
*in-*12. *v. m.*

177*. Phædri Fabulæ. *Paris. J. Didot,* 1823, *in-fol.*
max. br. en cart. n° 14 sur 125. Pap. Vél.

178. P. Ovidii Nasonis Opera, cum not. var. et
P. Burmanni Secundi. *Amst.* 1727, 4 *vol. in-*4.
m. r. Ch. Mag.

179. Les Métamorphoses d'Ovide, en lat. et en
franç. trad. de Banier, avec les figures de Lemire
et Basan. *Paris,* 1767, 4 *vol. in-*4. *fig. m. r.*

180. Les mêmes, trad. en vers françois, par de
Saint-Ange, avec le texte en regard. *Paris,*
1808, 4 *vol. in-*8. *fig. v. porph. dent.*

181. La Pharsale de Lucain, trad. en vers françois,
par de Brébœuf. *Leyde, J. Elsevier,* 1658,
*in-*12. *m. r.*

182. M. Val. Martialis Epigrammata, cum not. var.
accur. C. Schrevelio. *Lugd. Bat.* 1670, *in-*8. *v. f.*

183. J. Juvenalis et A. Persii Flacci Satyræ, cum
notis variorum. *Amst.* 1684, *in-*8. *m. r. dent.*

184. D. J. Juvenalis Satyrarum lib. v. ex recogn.
S. A. Philippe. *Lut. Par. Coustelier,* 1746, *in-*12.
m. r. dent.

185. Satires de Juvenal, trad. en françois, avec le
texte en regard, par Dusaulx. *Paris,* 1770, *in-*8.
v. m. = Satires de Perse, trad. en franc. avec le
texte en regard, par Le Monnier. *Paris,* 1771,
*in-*8. *v. m.*

186. Satires de Juvénal, trad. par J. Dusaulx, avec le texte en regard. *Paris, Didot jeune,* 1796, 2 *vol. in-4. dem. rel. dos de m. r. Pap. Vél. non rogn. fig. avant la lettre.*

187. Le même ouvrage. *Paris,* 1803, 2 *vol. in-8. v. gauffré.*

188. Ausonii Opera, cum not. var. ed. J. Tollio. *Amst.* 1671, *in-8. vél.*

189. OEuvres d'Ausone, trad. en françois, avec le texte en regard, par Jaubert. *Paris,* 1769, 4 *vol. in-12. v. m.*

190. Aurel. Prudentii Clementis Opera, interpret. et notis illustr. Steph. Chamillard, ad usum Delphini. *Parisiis,* 1687, *in-4. m. r.*

191. Cl. Claudiani quæ extant, cum not. var. ex recens. Nic. Heinsii. *Amst. ex off. Elzev.* 1665, *in-8. v. b.*

192. Pervigilium Veneris, cum not. var. *Hag. Com.* 1712, *in-8. v. f.*

193. Les Comédies de Térence, trad. en françois, avec le texte latin à côté, par Le Monnier. *Paris,* 1771, 3 *vol. in-8. fig. v. m.*

194. L. An. Senecæ Tragœdiæ, cum not. T. Farnabii. *Amst.* 1656, *in-12. v. éc.*

195. Le Bonheur que procure l'Étude, par le chancelier de L'Hôpital, trad. de ses poésies latines. *Paris,* 1817, *in-8. v. f.*

196. Anti-Lucretius, sive de Deo et Natura lib. ix, auct. Melch. de Polignac. *Parisiis,* 1747, 2 *tom. en* 1 *vol. in-8. m. r.*

Poètes français.

197. Fabliaux et Contes des poètes français des xi, xii, xiii, xiv et xve siècles, publiés par Barbazan, et revus par Méon. *Paris,* 1808, 4 *vol. in-8. fig. doubles avant et avec la lettre. m. v. dent. Gr. Pap. Vél.*

187. of. pois. am+

189. thon. e+

193. pois. ax+

196. guep. aa+

197. dru. pois. xz+

Letellier

Le gras.
Renard.

Colncy

le gras.

girod.

g[illegible]
Barthelene

Rouанес.

Boule

198. poir. mz[+]

200. Laur. am[+] n Roul. hz

Bartholeno

Labitte

202. poir. ae[+]. Dur.

203. grep. 6[+]

Malafait.

205. poir az[+]

Desilcinao

Crozet.

p.

209. poir. i[+]

Legras.

212. Laur. am[+]

213. Of. poir. i[+]

Bartholeno

198. Les Poètes françois, depuis le xiie siècle jusqu'à Malherbe. *Paris*, 1824, 6 *vol. in-8. br.*

199. Choix de Fabliaux mis en vers, (par Imbert.) *Paris*, 1788, 2 *vol. in-12. dem. rel. dos de m.*

200. Recueil des meilleurs Contes en vers. *Paris*, 1778, 4 *tom. rel. en 6 vol. in-18. fig. m. r. dent. tab.*

201. Le Rommant de la Rose, (par G. de Lorris et J. de Meung.) *Paris*, 1538, *in-8. goth. v. f.*

202. Le même, publ. par Lenglet Dufresnoy. *Paris*, 1735, *et Dijon*, 1737, 4 *vol. in-12. m. r.*

203. Poésies de Marguerite Éléonore Clotilde de Vallon-Chalys, publiées par M. Vanderbourg. *Paris*, 1803, *in-8. v. r.*

204. OEuvres de J. Marot. *Paris, Coustelier*, 1723, *in-12. m. bl.*

205. Les OEuvres de Clément Marot. *La Haye*, 1700, 2 *vol. in-12. m. r.*

206. Les OEuvres et Mélanges poétiques d'Estienne Jodelle. *Lyon*, 1597, *in-12. m. vert.*

207. Les OEuvres poétiques de Remy Belleau. *Paris*, 1585, *in-12. v. f.*

208. OEuvres de Regnier. *Londres*, 1746, 2 *vol. in-12. m. r.*

209. Poésies de Malherbe. *Paris, Barbou*, 1764, *in-8. v. m.*

210. Les mêmes. *Paris, P. Didot l'aîné*, 1797, *in-4. dem. rel. dos de m. r. non rogné. Pap. Vél.*

211. Les mêmes. *Paris, P. Didot l'aîné*, 1815, *in-8. m. r. dent. Pap. Vél.*

212. Les OEuvres de Racan. *Paris, Coustelier*, 1724, 2 *vol. in-12. v. b.*

213. OEuvres de mad. et de mademoiselle Deshoulières. *Paris*, 1754, 2 *vol. in-12. v. f.*

214. Contes et Nouvelles en vers, par J. de La Fontaine. *Amst. 1762*, 2 *vol. in-8. fig. m. r.*

215. Les mêmes. *Paris, P. Didot l'aîné*, 1795,

B

2 *tom. en* 1 *vol. in-*4. *dem. rel. dos de m. r. non rogné. Pap. Vél.*

216. Les mêmes. *Paris, P. Didot l'aîné,* 1795, 2 *vol. in-*12. *m. vert. dent. Pap. Vél.*

217. Les mêmes, de la même édition. 2 *tom. en* 4 *vol. in-*18. *fig. m. r. dent. tab. Pap. Vél.*
Chaque page est encadrée d'un filet rouge.

218. Fables et Contes, par de La Fontaine. *Paris,* 1757, 2 *vol. in-*12. *m. r.*

219. Fables de La Fontaine, avec des figures gravées par Simon et Coiny. *Paris, Didot aîné,* 1787, 6 *vol. in-*18. *m. r. dent. tabis.*
Chaque page est encadrée de filets rouges.

220. Les mêmes, pour l'éducation du Dauphin. *Paris, Didot aîné,* 1787, 2 *vol. in-*18. *m. vert. tabis. Pap. Vél.*

221. Les mêmes, pour l'éducation du Dauphin. *Paris, Didot aîné,* 1788, *in-*4. *dem. rel. dos de m. r. non rogné. Pap. Vél.*

222. Les mêmes, pour l'éducation du Dauphin. *Paris, Didot l'aîné,* 1789, 2 *vol. in-*8. *m. v.*

222*. Fables de La Fontaine. *Paris, P. Didot,* 1802, 2 *vol. in-fol. max. br. en cart. n°* 19 *sur* 250. *Pap. Vél. fig. avant la lettre.*

223. Les mêmes, *Paris, P. Didot l'aîné,* 1813, 2 *vol. in-*8. *m. r. dent. Pap. Vél.*

224. Les mêmes, avec un nouveau Commentaire par M. Nodier. *Paris,* 1818, 2 *vol. in-*8. *fig. v. gauffré.*

225. Les OEuvres de N. Boileau Despréaux, avec des éclaircissemens. *La Haye,* 1722, 4 *vol. in-*12. *m. r. fig. de B. Picart.*

226. Les mêmes, pour l'éducation du Dauphin. *Paris, Didot aîné,* 1788, 3 *vol. in-*18. *m. r. dent. tab. Pap. Vél.*

227. Les mêmes, pour l'éducation du Dauphin. *Paris, Didot l'aîné,* 1789, 2 *vol. in-*4. *dem. rel. dos de m. r. non rogné. Pap. Vél.*

on y avait les livraisons 1 et 2 des figures,
avant la lettre

ce sont les figures des premiers
généraux qui ont été compris.

p.
Ronard

girod.

Malafait.

girod.
Labitte

Legras.

Labitte

Barthélémy

Aumay

2f8. faur.

223. pois. ait

p.   228. Laur. mh+

                            229. Lie.

p.   230. poir. hz+ Laur. pz+
                            231. poir. e+

Harvey

                            233. poir. az+

Icvra.   234. poir. h+

p.

Legras.

parquet.

228. Les mêmes, avec des Variantes, publiées par M. Daunou. *Paris, 1809, éd. stéréotype d'Herhan, 3 vol. in-8. m. r. dent. Pap. Vél. fig. de Moreau le jeune avant la lettre.*

229. Les mêmes. *Paris, P. Didot l'aîné, 1815, 3 vol. in-8. m. r. dent. Pap. Vél.*

229*. OEuvres de Boileau. *Paris, P. Didot, 1819, 2 vol. in-fol. max. br. en cart. n° 14 sur 125. Pap. Vél. fig. avant la lettre.*

230. Les mêmes, avec un commentaire, par de Saint-Surin. *Paris, 1821, 4 vol. in-8. fig. v. vert. dent. Pap. Vél.*

231. OEuvres de Chaulieu. *Paris, 1774, 2 vol. in-8. v. éc.*

232. Odes, Cantates, Épitres et Poésies diverses, par J. B. Rousseau, pour l'éduc. du Dauphin. *Paris, Didot aîné, 1790, in-4. dem. rel. dos de m. r. non rogné. Pap. Vél.*

233. OEuvres choisies de J. B. Rousseau. *Paris, P. Didot l'aîné, 1818, 2 vol. in-8. ~~dem. rel. dos de~~ m. r. Pap. Vél.*

234. La Religion, poëme, par L. Racine. *Paris, P. Didot l'aîné, 1821, in-8. dem. rel. dos de m. r. non rogné.*

235. Narcisse dans l'île de Vénus, poëme, par Malfilâtre. *Paris, 1795, in-12. m. cit. dent. Pap. Vél.*

236. OEuvres de Bernard. *Paris, P. Didot l'aîné, 1797, in-4. dem. rel. dos de m. r. non rogné. Pap. Vél. fig. avant la lettre.*

237. Poésies de Voltaire, Poëmes et Discours. *Paris, J. Didot l'aîné, 1823, 5 vol. in-8. cart.*

238. La Henriade, par Voltaire. *Paris, 1770, 2 vol. in-8. fig. m. r.*

239. La même, pour l'éducation du Dauphin. *Paris, P. Didot, 1790, in-4. dem. rel. dos de m. r. non rogné. Pap. Vél.*

240. La même, avec les Variantes. *Paris, P. Didot,* 1792, *in-18. m. vert. dent. Pap. Vél.*

241. La même. *Paris, P. Didot l'aîné,* 1814, *in-8. m. r. dent. Pap. Vél.*

241*. La Henriade, par Voltaire. *Paris, P. Didot,* 1819, *in-fol. max. br. en cart. n° 14 sur 125. Pap. Vél.*

242. OEuvres du cardinal de Bernis. *Paris, P. Didot l'aîné,* 1798, *in-8. v. f. dent. Gr. Pap. Vél.*

243. Les Saisons, poëme, par de Saint-Lambert. *Amst.* 1775, *in-8. fig. v. éc.*

244. Les mêmes. *Paris,* 1796, *in-4. dem. rel. dos de m. r. non rogné. Pap. Vél. fig. avant la lettre.*

245. OEuvres de Jacques Delille. *Paris,* 1804, 13 *vol. in-8. v. j. Gr. Pap.*

246. Dithyrambe sur l'Immortalité de l'âme, par Delille. *Paris,* 1802, *in-12. fig. bas.*

247. L'Homme des Champs, ou les Géorgiques françaises, par J. Delille. *Paris,* 1805, *in-8. m. r. dent. tab. Gr. Pap. Vél. fig. avant la lettre.*

248. La Maison des Champs, poëme, par Campenon. *Paris, Didot,* 1809, *in-12. dem. rel. dos de m. vert. Pap. Vél.*

249. OEuvres poétiques de J. B. de Saint-Victor. *Paris,* 1822, *in-12. v. vert.* = Poésies de Marguerite-Éléonore Clotilde, publ. par Vanderbourg. *Paris,* 1804, *in-18. fig. v. b.*

250. Messéniennes et Poésies diverses, par M. Casimir Delavigne. *Paris,* 1824, *in-8. m. vert. dent. Pap. Vél. fig. sur Pap. de Chine.*

Poètes dramatiques français.

251. Répertoire du Théâtre Français, avec des Notices sur chaque auteur, par M. Petitot. *Paris,* 1803, 23 *vol. in-8. fig. dem. rel.*

252. Le Théâtre de Jaq. Grevin. *Paris,* 1562, *in-8. v. j.*

p.

p.

girard.

243. poir. it

245. Lie.

Roncret

248 Dyo.

p.

bruchy

251. Lie.

nozeran

Bourdillon

254. wei.

256. pois. xz[+]

257. gui.

~~Legras.~~

258. Lie. dejo. mz[+]

p.

Morand.

Legras.

263. Lie. dejo. hz[+]

264 deh. amm[+]

Colas.

265. pois. ez[+]

266. pois. am[+]

253. Les Tragédies de Robert Garnier. *Lyon,* 1600, in-12. *m. r.*

254. Les Tragédies de N. Chretien. *Rouen,* 1608, in-12. *v. f.*

255. Théâtre de P. Corneille, avec le commentaire de Voltaire. *Paris, Didot,* 1795, 10 *vol. in-4. dem. rel. dos de m. r. non rogné. Pap. Vél.*

256. OEuvres de P. Corneille, avec le commentaire de Voltaire. *Paris, P. Didot l'aîné,* 1801, 12 *vol. in-8. v. f. dent. Gr. Pap. Vél.*

257. Théâtre choisi de P. Corneille. *Paris, Didot l'aîné,* 1783, 2 *vol. in-4. dem. rel. dos de m. r. non rogné. Pap. d'Annonay.*

258. Les Chefs-d'OEuvre de P. Corneille. *Paris, P. Didot l'aîné,* 1814, 3 *vol. in-8. m. r. dent. Pap. Vél.*

259. L'Esprit du grand Corneille, suivi des Chefs-d'OEuvre de Th. Corneille, publ. par M. François de Neufchâteau. *Paris, P. Didot l'aîné,* 1819, 2 *vol. in-8. dem. rel. dos de m. Pap. Vél.*

260. OEuvres de Molière. *Paris,* 1739, 8 *vol. in-12. fig. v. m.*

261. Les mêmes, avec les remarques de Bret. *Paris,* 1788, 6 *vol. in-8. fig. v. r. dent.*

262. Les mêmes. *Paris, Didot l'aîné,* 1791, 6 *vol. in-4. dem. rel. dos de m. r. non rogné. Pap. Vél.*

263. Les mêmes. *Paris, P. Didot l'aîné,* 1817, 7 *vol. in-8. m. r. dent. Pap. Vél.*

264. Les mêmes, avec un commentaire par M. Auger. *Paris,* 1819, 9 *vol. in-8. cart. Gr. Pap. Vél. fig. avant la lettre.*

265. Les mêmes, avec les notes de tous les commentateurs, publ. par M. Aimé Martin. *Paris,* 1824, 8 *vol. in-8. br. Gr. Pap. Vél. fig. avant la lettre.*

266. Le Théâtre de Quinault. *Paris,* 1739, 5 *vol. in-12. v. m.*

267. Le Théâtre de Pradon. *Paris*, 1732, *petit in-12. v. m.*

268. OEuvres de J. Racine. *Paris*, 1750, 3 *vol. in-12. m. vert. pap. fin.*

269. Les mêmes, avec des commentaires, par Luneau de Boisjermain. *Paris*, 1768, 7 *vol. in-8. fig. v. m.*

270. Les mêmes, pour l'éducation du Dauphin. *Paris, Didot aîné*, 1783, 3 *vol. in-4. dem. rel. dos de m. r. non rogné. Pap. Vél.*

271. Les mêmes, pour l'éduc. du Dauphin. *Paris, Didot aîné*, 1784, 5 *vol. in-18. m. r. dent. tab. Pap. Vél.*

272. Les mêmes. *Paris*, 1796, 4 *vol. in-8 m. r. dent. Gr. Pap. Vél. fig. avant la lettre.*

272*. OEuvres de J. Racine. *Paris, P. Didot*, 1801, 3 *vol. in-fol. max. br. en cart. n° 19 sur 250. Pap. Vél. fig. avant la lettre.*

273. Les mêmes, avec le commentaire de La Harpe. *Paris*, 1807, 7 *vol. in-8. v. j.*

274. Les mêmes, avec des commentaires, par Geoffroy. *Paris*, 1808, 7 *vol. in-8. m. r. dent. Pap. Vél. fig. avant la lettre.*

275. Les mêmes. *Paris, P. Didot l'aîné*, 1813, 5 *vol. in-8. m. r. dent. Pap. Vél.*
On y a ajouté des figures avant la lettre.

276. Théâtre de Boursault. *Paris*, 1746, 3 *vol. in-12. v. m.*

277. Le Théâtre de Hauteroche. *Paris*, 1772, 3 *vol. in-12. v. f.*

278. OEuvres de Regnard. *Paris*, 1770, 4 *vol. in-12. v. f.*

279. Les mêmes. *Paris, P. Didot l'aîné*, 1819, 4 *vol. in-8. dem. rel. dos de m. Pap. Vél.*

280. Les OEuvres de Palaprat. *Paris*, 1735, *in-12. v. m.* = Les OEuvres de De la Fosse. *Paris*, 1747, *in-12. v. m.* = OEuvres de Théâtre de De la Noue. *Paris*, 1765, *in-12. v. m.*

267. pois. p+

Wane oncle

parquet.

Legras.

272. lag. iz+
272.*. plai.ezz+
273. pois. pxt+
274. dejo. xz+
275. die.

Mozeran

278. die. lag. pois. e+

280. pois. xt+

hazeran

idem

idem

281. pois. e+

282. pois. ait

284. pois. h+

285. pois. axt

286. pois. az+ dejo. it

287. pois. x+

Le gras.

Sauvignot.

hozeran

290. pois. az+

291. pois. it

292. pois. n+

Le gras.

293. pois. h+

294. pois. pz+

marié oncle

296. gui.

281. OEuvres de Dufresny. *Paris*, 1747, 4 *vol.* *in-*12. *v. m.*

282. Les OEuvres de Théâtre de D'Ancourt. *Paris*, 1760, 12 *vol. in-*12. *v. m.*

283. Théâtre de Le Grand. *Paris*, 1742, 4 *vol. in-*12. *v. m.*

284. OEuvres de Théâtre de Le Sage. *Paris*, 1774, 2 *vol. in-*12. *v. f.*

285. OEuvres dramatiques de Néricault-Destouches. *Paris*, 1774, 10 *vol. in-*12. *v. f.*

286. OEuvres de Nivelle de La Chaussée. *Paris*, 1762, 5 *vol. in-*12. *v. f.*

287. OEuvres de Crébillon. *Paris*, 1772, 3 *vol. in-*12. *v. f.*

288. Les mêmes. *Paris*, 1785, 3 *vol. in-*8. *fig. m. r. dent.*

289. Les mêmes. *Paris, P. Didot l'aîné*, 1818, 2 *vol. in-*8. *m. r. dent. Pap. Vél.*

290. Le Théâtre de Marivaux. *Amst.* 1754, 4 *vol. pet. in-*12. *v. f.*

291. Chefs-d'OEuvre dramatiques d'Alexis Piron. *Paris*, 1775, 2 *vol. in-*12. *fig. v. f.*

292. Théâtre de Société, par madame de Genlis. *Paris*, 1777, 3 *vol. in-*12. *v. j.*

Poëtes italiens, etc.

293. L'Enfer, poëme du Dante, trad. en françois, avec le texte en regard, (par de Rivarol.) *Paris*, 1785, *in-*8. *v. m.*

294. Roland furieux, trad. de l'italien de l'Arioste, par D'Ussieux. *Paris*, 1775, 4 *vol. in-*4. *fig. dem. rel.*

295. La Gerusalemme liberata di T. Tasso. *Parigi*, 1771, 2 *vol. in-*8. *fig. m. r. dent. Pap. de Holl.*

296. La medesima. *Stampata d'ordine di Monsieur, Parigi, Didot aîné*, 1784, 2 *vol. in-*4. *fig. dem. rel. dos de m. r. non rogné.*

297. Jérusalem délivrée, trad. de l'italien du Tasse, (par Le Brun.) *Paris*, 1774, 2 *vol. in-8. fig. m. r. Gr. Pap.*

298. La même, trad. en vers françois, par M. Baour-Lormian. ***Paris***, 1819, 3 *vol. in-8. fig. dem. rel.*

299. Aminta di T. Tasso. *Crisopoli, (Parma, Bodoni,) 1796, petit in-4. dem. rel. dos de m. r.*

300. Traduction françoise de l'Aminte du Tasse, avec le texte à côté. *Paris, 1734, in-12. v. m.* = Il Tempio di Gnido, trasportato dal francese in italiano. *Parigi, Prault, 1767, in-12. v. m.*

301. La Lusiade de L. Camoens, trad. du portugais, (par Laharpe.) *Paris, 1776, 2 tom. en 1 vol. in-8. fig. m. r.*

302. La Mort d'Abel, poëme de Gessner, trad. de l'allemand, par Huber. *Paris, Defer de Maisonneuve, 1793, gr. in-4. dem. rel. dos de m. r. fig. color. Pap. Vél.*

303. OEuvres dramatiques de Schiller, trad. de l'allemand. *Paris, 1821, 6 vol. in-8. dem. rel. dos de m. r. non rogné.*

304. Le Paradis perdu, par Milton, en anglois et en franç. (par N. F. Dupré de Saint-Maur.) *Paris, Defer de Maisonneuve, 1792, 2 vol. gr. in-4. dem. rel. dos de m. r. fig. color. Pap. Vél.*

305. Les Saisons, poëme, trad. de l'angl. de Thomson. *Paris, Didot jeune, 1796, in-8. m. v. dent. Gr. Pap. Vél. fig. avant la lettre.*

306. Ossian, Poésies galliques, trad. de l'angl. de Macpherson, par Letourneur. *Paris, 1777, 2 tom. en 1 vol. in-8. v. f. dent.*

Mythologie. Fables, etc.

307. Bibliothèque d'Apollodore, trad. du grec, avec le texte en regard, par Clavier. *Paris, 1805, 2 vol. in-8. v. f. dent.*

308. Histoire véritable des Temps fabuleux, par

297. Lia.

p.
Legras.

p.
Legras.

302. poir. ai+

303. poir. mh+ Leb.

304. poir. pz+

305. Leb.

Sans.

307. Cons. i+

308. Cons. x+

Merlin

p.

309. gvep. ai⁺ poiʃ. am⁺
310. poiʃ. ae⁺
311. poiʃ. hz⁺
312. Iur.

313. poiʃ. mi⁺ Laur. ai⁺
314. poiʃ. mi⁺
315. poiʃ. ai⁺ Laur. ʃe⁺
316. poiʃ. b⁺

p.
Rouan et.

Warï oncle

Rouan et.

Guérin du Rocher. *Paris*, 1777, 3 *vol. in-*8.
v. m.

309. Dictionnaire de la Fable, par Noël. *Paris*,
1803, 2 *vol. in-*8. *v. porph.*

310. Les trois Fabulistes, Ésope, Phèdre et La-
fontaine, publiés par Chamfort et Gail. *Paris*,
1796, 4 *vol. in-*8. *v. r.*

311. OEuvres de Maître François Rabelais, avec les
remarques de Le Duchat. *Amst.* 1741, 3 *vol.
in-*4. *v. f. fig. de B. Picart.*

312. Le Moyen de parvenir, (par Beroalde de Ver-
ville. (*Paris, Barbou,*) 1757, 2 *vol. in-*12. *m. r.*

Contes et Nouvelles.

313. Il Decameron di M. G. Boccacci. *In Amst.*
(*Elzevier,*) 1665, 1 *tome en* 2 *vol. in-*12. *m. r.*

314. Les Cent Nouvelles nouvelles. *Cologne,* 1701,
2 *vol. in-*8. *v. éc. fig. détachées.*

315. Contes moraux, par Marmontel. *Paris,* 1765,
3 *vol. in-*8. *fig. v. f.*

316. Nouvelles de Michel de Cervantes, trad. de
l'espagnol. *Amst.* 1709, 2 *vol. in-*12. *fig. v. b.*

Romans grecs.

317. Amours de Theagènes et Chariclée, trad. du
grec d'Héliodore. *Paris,* 1743, 2 *vol. in-*8. *fig. v. f.*

318. Longi Pastoralia de Daphnide et Chloe, gr.
Parisiis, P. Didot, 1802, *in-*4. *dem. rel. dos de
m. r. non rogné. Pap. Vél. fig. avant la lettre.*

319. Les Amours pastorales de Daphnis et Chloé,
trad. du grec de Longus, par J. Amyot, avec les
estampes gravées par Audran, sur les dessins
du duc d'Orléans, régent. (*Paris,*) 1718, *in-*8.
m. r. dent. tab.

320. Le même ouvrage. *Paris, P. Didot. l'aîné,*
1800, *in-*4. *dem. rel. dos de m. r. non rogné. Pap.
Vél. fig. avant la lettre.*

321. Les Amours d'Abrocome et d'Anthia, histoire éphésienne, trad. du grec de Xénophon. 1748, *in-12. fig. v. m.*

322. Les Amours d'Ismène et d'Ismenias, trad. du grec d'Eustathe. *Amst.* 1729, *in-12. fig. v. m.* = Les Amours de Carite et de Polydore, par l'abbé Barthélemy. *Paris*, 1760, *in-12. dem. rel.*

Romans français rangés par ordre alphabétique.

323. Les Amours de Psyché et Cupidon, par J. de La Fontaine. *Paris, Defer de Maisonneuve*, 1791, *in-4. dem. rel. dos de m. r. non rogné. Pap. Vél. figures en couleurs.*

324. Les Aventures de Télémaque, par F. de Salignac de Lamotte Fénelon, pour l'éducation du Dauphin. *Paris, Didot aîné*, 1783, *2 vol. in-4. m. r. dent. fig. de Tilliard, et portrait par Saint-Aubin. Pap. Vél.*

325. Les mêmes, pour l'éduc. du Dauphin. *Paris*, 1783, *4 vol. in-18. m. r. dent. tab. Pap. Vél.*

326. Les mêmes, pour l'éduc. du Dauphin. *Paris, Didot l'aîné*, 1784, *2 vol. in-8. m. vert. Pap. Vél.*

327. Les mêmes, publiées par J. F. Adry. *Paris*, 1811, *2 vol. in-8. m. r. dent. Pap. Vél. fig. avant la lettre.*

328. Les mêmes, *Paris, P. Didot l'aîné*, 1814, *2 vol. in-8. m. r. dent. Pap. Vél.*

329. Le Bachelier de Salamanque, par Le Sage. *La Haye*, 1741, *2 vol. in-12. fig. v. m.*

330. Bélisaire, par Marmontel. *Paris*, 1767, *in-8. fig. v. m.*

331. Le Diable Boiteux, par Le Sage. *Paris*, 1779, *2 vol. in-12. fig. v. f.*

332. Histoire amoureuse des Gaules, par de Bussi Rabutin. 1754, *5 vol. in-12. v. éc.*

333. Histoire de Cléveland, par l'abbé Prevost. *Londres*, 1773, *6 vol. in-12. fig. v. j.*

324. Laur. x2+

327. Laur. ait thou. mit
328. Lie. Laur. ait

p.

Aonant.

Aonanct.
Legran.
p.

Lany

/corcl.
idem
p.

Renauct.

335. of.

336. pois. ax+

Maric oncle

338. pois. n+

339 Dj.

340. pois. p+

Legras.

341. pois. am+

342. pois. it

Serut.

343. pois. n+ Lic.

344. desf. pois. e+ Laur. az+

p.

345. pois. b+

346. pois. ax+

guitet.

334. Histoire de Gil Blas de Santillane, par Le Sage. Paris, 1771, 4 *vol. in*-12. *fig. v. f.*

335. La même. *Paris*, *P. Didot l'aîné*, 1819, 3 *vol. in*-8. *m. r. dent. Pap. Vél.*

336. Histoire du petit Jehan de Saintré, par Tressan. *Paris*, *Didot jeune*, 1791, *in*-18. *fig. m. bl. Pap. Vél.*

337. Les illustres Françoises, histoires véritables, (par Challes.) *Amst.* 1747, 2 *vol. in*-8. *fig. v. f.*

338. Les Incas, par Marmontel. *Paris*, 1777, 2 *vol. in*-8. *v. éc.*

339. Joseph, poëme, par Bitaubé. *Paris*, *Didot*, 1786, *in*-8. *fig. m. r. Pap. Vél.*

340. Lettres d'une Péruvienne, par mad. de Grafigny. *Paris*, 1773, *in*-12. *v. f.* = OEuvres posthumes de la même. *Paris*, 1770, *in*-12. *v. m.*

341. Lettres Persannes, par Montesquieu, suivies de ses OEuvres diverses. *Paris, P. Didot l'aîné*, 1820, 3 *vol. in*-8. *dem. rel. dos de m. Pap. Vél.*

342. Les Liaisons dangereuses, par Choderlos de Laclos. *Paris*, 1782, 2 *vol. in*-12. *v. b.*

343. Mémoires et Aventures d'un homme de qualité, par l'abbé Prevost. *Amst.* 1742, 8 *vol. pet. in*-12. *v. j.*

344. Paul et Virginie, par J. H. Bernardin de Saint-Pierre. *Paris*, *Imp. de Monsieur*, 1789, *in*-18. *fig. m. r. dent. tabis. Pap. Vél.*

345. Roman Comique de Scarron. *Paris*, 1757, 3 *vol. in*-12. *v. f.*

346. Le Temple de Gnide, suivi d'Arsace et Isménie, par Montesquieu. *Paris, P. Didot l'aîné*, 1796, *in*-4. *dem. rel. dos de m. r. non rogné. Pap. Vél. fig. en couleurs.*

347. Traduction libre d'Amadis de Gaule, par de Tressan. *Paris*, 1780, 2 *vol. in*-12. *v. f.*

Romans espagnols, etc.

348. El ingenioso hidalgo don Quixote de la Mancha, por M. de Cervantes Saavedra. *Madrid, Ibarra,* 1780, 4 *tom. en* 2 *vol. in-*4. *fig. m. r. dent. tab.*

349. Histoire de Don Quichotte, trad. de l'espagnol, de Cervantes. *Paris,* 1704, (*avec la sphère,*) 5 *vol. in-*12. *fig. vel.*

350. La même, par Florian. *Paris,* 1799, 3 *vol. in-*8. *fig. v. j.*

351. La même, trad. par H. Bouchon Dubournial. *Paris,* 1822, 4 *vol. in-*8. *fig. v. uni. dent.*

352. Galatée, roman pastoral, imité de Cervantes, par de Florian, avec des figures en couleurs, d'après les dessins de Monsiau. *Paris,* 1793, *gr. in-*4. *dem. rel. dos de m. r. non rogné. Pap. Vél.*

353. Les Aventures de Joseph Andrews, par Fielding, trad. de l'anglais. *Londres,* 1750, 2 *vol. in-*12. *m. vert.*

354. Clarisse Harlowe, trad. de l'angl. de Richardson, par Le Tourneur. *Paris,* 1785, 10 *vol. in-*8. *fig. v. b.*

355. Histoire du chevalier Grandisson, trad. de l'anglois de Richardson. *Amst.* 1755, 4 *vol. in-*12. *v. m.*

356. Paméla, ou la Vertu récompensée, trad. de l'anglais de Richardson. *Londres,* 1742, 4 *vol. in-*12. *v. f.*

357. Tom Jones, trad. de l'angl. de Fielding, par de Laplace. *Paris,* 1767, 4 *vol. in-*12. *fig. v. f. Gr. Pap.*

358. La Vie et les Aventures de Robinson Crusoé, trad. de l'ang. *Leyde,* 1754, 3 *vol. in-*12. *fig. m. vert.*

359. Voyage sentimental, par L. Sterne, en anglois et en françois. *Paris, an* VII, (1799,) 2 *vol. in-*4. *dem. rel. dos de m. r. non rogné. Pap. Vél. fig. avant la lettre.*

348. Leb.

349. dru.

350. pois. ae⁺

351. Leb.   p.

353. dest. pois. b⁺

354. pois. pπ⁺

355. pois. b⁺

356. pois. b⁺

357. dest. lagr. pois. ai⁺

358. pois. ae⁺

359. pois. pz⁺

Waric oncle

garnot.   364

                           361. couf. m.t

Sarres.

garnot.

garnot.

galliot.

waric oncle

Barthelene

Piaze.
touchy

Satyres, etc.

360. Histoire de Pierre de Montmaur, par de Sallengre. *La Haye*, 1715, 2 *vol. in-*12. *fig. v. f.* Gr. Pap.   *19.*

361. Apologie pour les grands hommes soupçonnés de magie, par G. Naudé. *Amst.* 1712, *in-*12. *v. m.*   *2 - 5-*

362. L'Éloge de la Folie, trad. du latin d'Erasme, par Gueudeville. *Amst.* 1731, *in-*8. *fig. v. f.*   *2 - 6o.*

363. Huétiana, ou pensées diverses de M. Huet. *Amst.* 1723, *in-*12. *vél.*   *1. 95.*

Polygraphes grecs et latins.

364. Lucien, trad. du grec par Perrot d'Ablancourt. *Amst.* 1709, 2 *vol. in-*8. *fig. v. b.*   *5 - 65-*

365. Le même ouvrage. *Amst.* 1712, 2 *vol. in-*8. *fig. m. r.*   *19 - 95-*

366. Collection des Auteurs latins, communément appelés *ad usum Delphini.* 63 *vol. in-*4. *m. r.* savoir :   *32.01.*

	vol.			vol.
Boetius	1680.1	Virgilius		1682.1
Plinius	1685.5	Horatius		1691.1
Pompeius Festus	1681.1	Manilius		1679.1
Ciceronis Libri Ora-		Ovidius	1686 et	1689.4
torii	1687.1	Phædrus		1675.1
Ciceronis Orationes	1684.3	Statius		1685.2
Ciceronis Epistolæ ad		Valerius Martialis		1680.1
Familiares	1685.1	Juvenalis et Persius		1684.1
Ciceronis Opera phi-		Claudianus		1677.1
losophica, avec le		Ausonius		1730.1
commencement du		Prudentius		1687.1
tome second	1689.1	Apuleius		1688.1
Panegyrici veteres	1676.1	Aulus Gellius		1681.1
Callimachus	1675.1	Justinus		1677.1
Plautus	1679.2	Dictys Cretensis		1680.1
Terentius	1675.1	Q. Curtius		1678.1
Lucretius	1680.1	T. Livius		1679.6
Catullus, Tibullus et		Florus		1674 1
Propertius	1685.2	Paterculus		1675.1

aulus gellius amst. Elzev. 1661, in 12. m. r. —   13. 50.

— idem cum not. var. 1666, in 8 v. b. —   12

— trad. en françois, paris, 1776, 3 vol. in 12. v. m. —   8. 95.

	vol.		vol.
Eutropius.........	1683.1	Valerius Maximus...	1679.1
Aurelius Victor.....	1681.1	Danetii Diction. An-	
Sallustius...........	1674.1	tiq. Romanarum..	1698.1
Cæsar.............	1678.1	Ejusdem Dictiona-	
Tacitus...........	1682.4	rium lat. gall.....	1691.1
Suetonius.........	1684.1	Ejusd. Diction. gall.	
Cornelius Nepos....	1675.1	lat..............	1683.1

Magnifique exemplaire d'une Collection extrêmement rare, lorsque, comme dans celle-ci, tous les volumes sont des éditions originales, et tous dans leurs anciennes reliures en maroquin. A l'exception de neuf, tous portent les armes de France; mais ces neuf volumes sont également dans leur ancienne reliure, et n'ont point d'autre différence. L'on peut regarder cet exemplaire comme l'un des plus beaux que l'on puisse trouver de cette Collection.

Tous ces ouvrages sont des éditions de Paris; l'Ovidius seul, 4 volumes, n'a été imprimé qu'à Lyon.

Polygraphes français, rangés par ordre alphabétique des noms des auteurs.

367. OEuvres philosophiques, hist. et littéraires de d'Alembert. *Paris,* 1805, 18 *vol. in-8. v. rac.*

368. Mémoires historiques, critiques et littéraires, par Amelot de la Houssaye. *Amst.* 1742, 3 *vol. in-12. v. f.*

369. Mélanges d'Histoire et de Littérature, par de Vigneul-Marville, (B. d'Argonne.) *Paris,* 1713, 2 *vol. in-*12. *v. f. dent.*

370. Nouveaux Mémoires d'histoire, de critique et de littérature, par d'Artigny. *Paris,* 1749, 7 *vol. in-*12. *v. m.*

371. OEuvres de Colardeau. *Paris,* 1779, 2 *vol. in-8. v. éc. Gr. Pap.*

—372. OEuvres de D. Diderot, publiées par J. A. Naigeon. *Paris,* 1798, 15 *vol. in-8. m. vert. dent. Gr. Pap. Vél.*

—373. OEuvres complètes de Duclos. *Paris,* 1806, 10 *vol. in-8. v. porph.*

367. wei. pois. nz+

Croze.

368. grep. et favr.

370. favr.

371. pois. am+

372. pois. mzz+

373. pois. hz+ lawr. mh+

374. pois. me✝

375. pois. pz✝ Laur. mz✝

376. pois. az✝

377. pois. hm✝

p.

379. Lie.

girard.

381. pois. am✝

382. pois. px✝

warie oncle

p.

crozet.

parquet.

warie oncle

387. pois. px✝

388. cous. x✝

Legrai.

idem

390. Lie.

374. OEuvres de Dumarsais. *Paris*, 1797, 7 *vol. in-8. v. j.*

375. OEuvres de Gresset, avec le Parrain magnifique. *Paris*, 1811, 3 *tom. en* 2 *vol. in-8. v. f. dent. fig. avant la lettre et les eaux fortes.*

376. OEuvres diverses du comte Ant. Hamilton. *Londres*, 1776, 6 *vol. in-*12. *v. f.*

377. OEuvres complètes d'Helvétius. *Paris, P. Didot l'aîné*, 1795, 14 *vol. in-*12. *v. f. Pap. Vél.*

378. OEuvres diverses de La Fare. *Paris*, 1755, 2 *vol. in-*12. *fig. v. f.*

379. OEuvres complètes de mesdames de La Fayette et de Tencin. *Paris*, 1804, 5 *vol. in-8. v. f.*

380. OEuvres diverses de J. de La Fontaine. *Paris*, 1744, 4 *vol. in-*12. *m. r.*

381. OEuvres choisies et posthumes de La Harpe. *Paris*, 1806, 4 *vol. in-8. v. j.*

382. OEuvres posthumes de Marmontel. *Paris*, 1804, 11 *vol. in-8. v. j.*

383. OEuvres de Moncrif. *Paris*, 1768, 4 *tom. en* 2 *vol. in-*12. *fig. m. vert.*

384. Les Essais de Michel de Montaigne. *Paris*, 1617, *in-4. dem. rel.*

385. Les mêmes. *Amst. Michiels*, 1659, 3 *vol. in-*12. *m. r. dent. l. r.*

386. Les mêmes, avec des Remarques, par Coste, avec le supplément. *Londres*, 1724 *et* 1740, 4 *vol. gr. in-4. bas.*

387. Les mêmes, avec les notes de Coste. *Londres*, 1754, 10 *vol. in-*12. *m. r. Pap. de Holl.*

388. Les mêmes. *Paris, Bastien*, 1783, 3 *vol. in-8. v. j.*

389. Les mêmes. *Paris, Didot*, 1802, 5 *vol. in-8. m. vert dent. Pap. Vél.*
Le tome 5 se compose de l'Avertissement de Naigeon, et des Eloges de Montaigne, par MM. Villemain et Jay.
Ce dernier volume est sur papier ordinaire.

390. Les mêmes. *Paris*, 1818, 6 *vol. pet. in-*12. *v. r.*

391. OEuvres de Montesquieu. *Paris, Plassan,* 1796, 5 *vol. in-4. fig. v. f. dent. Pap. Vél.*

392. Théâtre et OEuvres diverses de Pannard. *Paris,* 1763, 4 *vol. in-12. v. f.*

393. OEuvres de Louis Racine. *Paris,* 1808, 6 *vol. in-8. m. r. dent. Pap. Vél.*

394. OEuvres complètes de Rivarol. *Paris,* 1808, 4 *vol. in-8. dem. rel.*

395. OEuvres complètes de Rollin. *Paris, Bastien,* 1807, 60 *vol. in-8. et atlas in-4. v. f.*

396. OEuvres de J. B. Rousseau. *Londres,* 1753, 5 *vol. in-12. v. f.*

397. OEuvres de J. J. Rousseau. *Neuchâtel,* 1764, 20 *vol. in-8. fig. v. f. dent.*

398. OEuvres de De Saint-Foix. *Paris,* 1778, 6 *vol. in-8. v. b.*

399. OEuvres de Saint-Lambert. *Paris, P. Didot l'aîné,* 1795, 2 *vol. in-18. m. vert. dent. Pap. Vél.*

400. OEuvres de F. de Salignac de La Mothe Féne-lon. *Paris, Didot,* 1787, 9 *vol. in-4. dem. rel. dos de m. r. non rogné. Pap. Fin.*

401. Mémoires de Littérature, par de Sallengre. *La Haye,* 1715, 2 *vol. in-12. v. j.*

402. OEuvres complètes de mad. de Staël, publ. par son fils. *Paris,* 1820, 17 *vol. in-8. v. f. Pap. Vél.*

403. OEuvres complètes de Voltaire. *Kehl,* 1784, 70 *vol. in-8. fig. v. f. dent. Pap. à 6 fr.*

404. Pièces inédites de Voltaire, imprimées d'après les Manuscrits originaux. *Paris, P. Didot l'aîné,* 1820, *in-8. v. f. dent. Pap. Vél.*

Polygraphes italiens, etc.

405. Collection des Auteurs classiques italiens, imprimés par Prault. *Paris,* 1767 *et* 1768, 35 *vol. in-12. v. m.* savoir :

La Comedia di Dante, 2 vol. = Le Rime di Petrarcha, 2 vol. = Orlando Furioso di L. Ariosto, 4 vol. = Il Morgante Maggiore di L. Pulci, 3 vol. = Ricciardetto di N. Carteromaco,

393. dejo. pi+
394. dejo. ax+ frol
395. poir. aez+

398. poir. pz+
399. poir. az+

401. farr.
402. poir. amz+
403. die.
404. Lie.

Motelet.
Crozat.
Rozeran
Bartholen

Merlin
Leclerc.
Legras.
Malafait.

Rozeran

Merlin

p.

giraud.

Bartholeme

Legras.

giraud.

406. pois. am^t

407. pois. p2^t

411. of.

413. pois. x^t

414. dejo. am^t

3 vol. = Gerusalemme liberata di T. Tasso, 2 vol. = Aminta
di T. Tasso, 1 vol. = Il Pastor Fido di Guarini, 1 vol. =
Il Malmantile racquistato di L. Lippi, 1 vol. = La Secchia
rapita di A. Tassoni, 1 vol. = Il Torrachione desolato di B. Cor-
sini, 2 vol. = Il Decamerone di G. Boccaccio, 3 vol. = Opere
di N. Macchiavelli. 8 vol. = Il Tempio di Gnido, 1 vol. =
Vocabolario portatile, 1 vol.

406. OEuvres de Machiavel, trad. en françois.
La Haye, 1743, 6 *vol. in-12. v. f.*

407. OEuvres de Sal. Gessner. *Paris, Renouard,*
1799, 4 *vol. in-8. fig. veau rose. dent. Pap. Vél.*

408. OEuvres complettes d'Alex. Pope, trad. de
l'anglois. *Paris*, 1779, 8 *vol. in-8. fig. v. m.*

409. Essais moraux et politiques, trad. de l'angl.
de Hume. *Amst.* 1764, 5 *tom. en* 6 *vol. in-12.*
v. f. = Discours politiques du même, trad. de
l'angl. *Amst.* 1767, 3 *vol. in-12. v. f.*

410. D. Erasmi Colloquia, cum not. var. accur.
C. Schrevelio. *Amst.* 1693, *in-8. v. b.*

411. Dialogues des Morts, par Fénelon. *Paris,*
P. Didot l'aîné, 1819, *in-8. dem. rel. dos de m.*
Pap. Vél.

Épistolaires.

412. Les OEuvres de Pline le jeune, trad. en français, par de Sacy, avec le texte en regard. *Paris,*
1808, 3 *vol. in-12. v. r.*

413. Lettres et Épîtres amoureuses d'Héloïse et
d'Abeilard. *Paris*, 1805, *in-8. v. porph.*

414. Recueil des Lettres de madame de Sévigné.
Paris, 1774, 8 *vol. in-12. v. f.*

415. Correspondance Littéraire adressée au Grand-
Duc de Russie, depuis 1774, jusqu'à 1789, par
J. F. La Harpe. *Paris*, 1801, 4 *vol. in-8. v. f.*

HISTOIRE.

Géographie.

416. De la manière d'écrire l'Histoire, par l'abbé de Mably. (*Kehl,*) 1784, 2 *vol. in-12. v. m.*

417. L'Esprit de l'histoire, ou Lettres politiques et morales d'un père à son fils, par Ferrand. *Paris,* 1802, 4 *vol. in-8. v. j.*

418. Science de l'Histoire, contenant le système général des connoissances à acquérir, avant d'étudier l'histoire, par Chantreau. *Paris,* 1803, 3 *vol. in-4. cart. Pap. Vél.*

419. Cosmologie, ou Description générale de la Terre, par M. Walckenaer. *Paris,* 1815, *in-8. br.*

420. Précis de la Géographie universelle, par Malte-Brun. *Paris,* 1810, *in-8. br. les tomes* 1 *et* 2, *et atlas in-4. cart.*

421. Dictionnaire géographique, par Vosgien. *Paris,* 1779, *in-8. v. m.*

422. Atlas universel, par Robert de Vaugondy. *Paris,* 1757, *in-fol. max. v. m.*

422*. Atlas universel de Géographie ancienne et moderne, par Mentelle et Chanlaire. *Paris,* 1806, *in-fol. dem. rel.*

423. Atlas portatif, pour l'intelligence des auteurs classiques, par Grenet. *In-4. vél. vert.*

424. Atlas portatif de la France par départemens, composé de 91 cartes, avec un Précis élémentaire. *Paris,* 1791, *in-4. obl. v. éc.*

425. Plan de Paris, divisé en 12 Mairies. *Paris,* 1807, *très grande feuille collée sur toile, dans un étui.*

426. Environs de Paris, dressés par Beuvelot, d'après la carte des chasses, et d'autres cartes particulières. *Une feuille collée sur toile, lavée, et renfermée dans un étui.*

419. of. poir. ae⁺

420. poir. ai⁺

421. poir. h⁺

422. alf. poir. xz⁺

422.✳. cous.

423. cous. poir. ae⁺

424. poir. ai⁺

Simonet.

Merlin

idem

Labitte

p.

Legras.

giroud.

p.

      429. pois. ahz†

Simonet.

Crozet.   431. Laur. mz†

Legras.

porquet.

Crozet.

p.   434. grep. mz† Laur. mz†

~~435. grep. pzz†~~

Legras.

     435✱ grep. pzz† pois. Laur. m

     436. plai. aiz† no.

Voyages.

427. Histoire générale des Voyages, par l'abbé Prévost. *Paris*, 1746, 19 *vol. in-4. fig. v. b.*

428. Voyage à la mer du Sud, fait dans les années 1740 à 1744, par G. Anson, trad. de l'angl. *Amst.* 1751 *et* 1763, 2 *tom. en* 1 *vol. in-4. fig. v. m.*

429. Les trois Voyages du capitaine Cook, trad. de l'anglois. *Paris*, 1774, *et années suiv.* 14 *vol. in-4. fig. v. m. Les figures du* 3e *Voyage sont reliées séparément et forment le* 14e *volume.*

430. Les six Voyages de Tavernier en Turquie, en Perse et aux Indes. (*Hollande*,) 1692, 3 *vol. in-12. fig. v. b.*

431. Relation d'un Voyage du Levant, par Pitton de Tournefort. *Paris, Impr. R.* 1717, 2 *vol. in-4. fig. v. j. Pap. Fin.*

432. Voyage dans les Alpes, par de Saussure. *Neuchâtel*, 1803, 8 *vol. in-8. fig. v. rac.*

432*. Voyage pittoresque, ou Description des Royaumes de Naples et de Sicile, (par Richard de Saint-Non.) *Paris*, 1781, 5 *vol. in-fol. fig. v. f. dent.*

433. Analyse du Voyage pittoresque de Naples et de Sicile, faite par l'abbé Brizard. *Paris*, 1787, *in-8. br. Pap. Vél.*

434. Itinéraire descriptif de l'Espagne, par A. de Laborde. *Paris*, 1809, 5 *vol. in-8. et atlas v. f.*

435. Voyages de Pallas dans plusieurs provinces de l'Empire de Russie, trad. de l'allemand. *Paris, l'an* 11, (1794,) 8 *vol. in-8. et atlas in-4. m. vert dent. Gr. Pap. Vél.*

435*. Voyage pittoresque de la Grèce, (par de Choiseul Gouffier.) *Paris*, 1782 *et* 1809, 3 *vol. in-fol. fig. le tome* 1er. *v. éc. et les tom.* 2 *et* 3 *br. en cart.*
Exemplaire avec une *s* au mot *tournoi.*

436. Voyage de Chardin en Perse et autres lieux de l'Orient. *Amst.* 1735, 4 *vol. in-4. fig. v. j.*

437. Voyage à la Baye de Hudson, en 1746 et 1747, par H. Ellis, trad. de l'anglois. *Leide, 1750, in-8, fig. v. m.*

Chronologie et Histoire universelle, etc.

438. Histoire civile et allégorique du Calendrier, par Court de Gebelin. *Paris, 1776, in-4. fig. v. m.*

439. Justini historiæ. *Amst. 1722, in-12. v. m.*

440. Traduction de l'Abrégé historique de Justin, par l'abbé Favier. *Paris, 1737, 2 vol. in-12. v. b.*

441. Discours sur l'Histoire universelle, par Bossuet, pour l'éduc. du Dauphin. *Paris, Didot aîné, 1784, in-4. dem. rel. dos de m. r. non rogné. Pap. Vél.*

442. Le même, pour l'éduc. du Dauphin. *Paris, Didot aîné, 1784, 4 vol. in-18. m. r. dent. tab.*

443. Le même. *Paris, 1802, in-8. v. j.*

444. Le même. *Paris, 1805, 3 vol. in-12. v. f. Pap. Vél. édit. stéréot.*

445. Le même. *Paris, 1806, 3 vol. in-12. v. f. Pap. Vél. édit. stéréot.*

446. Le même. *Paris, P. Didot l'aîné, 1814, 2 vol. in-8. m. r. dent. Pap. Vél.*

447. Histoire universelle, trad. de l'anglois par une société de gens de lettres. *Amst. 1732, 44 vol. in-4. v. f. le tom. 45 br.*

448. Les Ruines, ou Méditation sur les révolutions des Empires, par Volney. *Paris, 1792, in-8. fig. v. rac.*

449. Histoire des Croisades, par M. Michaud. *Paris, 1813, 7 vol. in-8. br.*

450. Histoire de la Rivalité de la France et de l'Angleterre, avec le Supplément, par Gaillard. *Paris, 1771, 11 vol. in-12. v. f.*

451. Histoire de la Ligue faite à Cambrai entre Jules II, pape, Maximilien Ier, Louis XII, etc. contre la république de Venise. *La Haye, 1710, 2 tom. en 1 vol. in-12. v. f.*

M. de Nailly.

438. cons. c†

p.
Bertrand.
Barn.

Ronanet.
Girard

Con 2 h° reformat qui ne mem̄
Edition en hollande, et 2 de Continuation   idem

446. Laur. ae†   p.
447. grep. apz†   porquet.

448. desf.

449. cons. ait dogr.

Varie oncle

merlin

merlin

porquet.   453. Cour. az⁺

Crozet.

Warré oncle   455. cour. b⁺
                                        456. poif. px⁺

Warré oncle

labille

Brunet.

Fruchy

porquet.   463. cour. az⁺

452. Histoire universelle de d'Aubigné. *Maillé*, 1616, 3 *tom. en* 1 *vol. in-fol. v. b.*   *13 - -50.*

453. Histoire des Chevaliers hospitaliers de Saint-Jean de Jérusalem, appelés chevaliers de Malthe, par de Vertot. *Paris*, 1772, 7 *vol. in-*12. *v. f.*   *19 . 5.*

454. Histoire des Juifs, trad. du grec de Flavius Joseph, par Arnauld d'Andilly. *Bruxelles*, 1701, 5 *vol. in-8. fig. v. f.*   *35 - 5.*

Histoire grecque.

455. Pausanias, ou Voyage hist. de la Grèee, trad. du grec, par Gedoyn. *Amst.* 1733, 4 *vol. in-*12. *fig. v. f.*   *17 . 50 .*

456. Voyage du jeune Anacharsis en Grèce, par J. J. Barthélemy. *Paris*, 1789, 7 *vol. in-8. et atlas in-4. v. j.*   *32 . 50 . D*

456*. Herodoti Historiarum libri novem, gr. et lat. cum notis P. Wesselingii. *Amst.* 1763, *in-fol. br. en cart. non rogné.*   *78 - - D.*

457. Histoire d'Hérodote, trad. du grec, (par Larcher.) *Paris*, 1802, 9 *vol. in-8. v. f.*   *74 . 50 .*

458. Thucydidis de bello Peloponnesiaco libri octo, gr. et lat. ex recens. C. A. Dukeri. *Amst.* 1731, *in-fol. m. vert. dent.*   *80 .*

459. Histoire de Thucydide, trad. du grec, par Levesque. *Paris*, 1795, 4 *vol. in-8. v. r.*   *20 .*

460. La Cyropédie, ou Histoire de Cyrus, trad. du grec de Xénophon, par M. B. J. Dacier. *Paris* 1777, 2 *vol. in-*12. *v. j.*   *8 - 60 .*

461. L'Expédition de Cyrus, et la Retraite des Dix Mille, trad. du grec de Xénophon, par Larcher. *Paris*, 1778, 2 *vol. in-*12. *v. j.*

462. Diodori Siculi Bibliothecæ historicæ libri qui supersunt, gr. et lat. ex recens. P. Wesselingii. *Amst.* 1746, 2 *vol. in-fol. m. vert. dent.*   *88 - 5 . D .*

463. Histoire universelle de Diodore de Sicile, trad. du grec, par Terrasson. *Paris*, 1737, 7 *vol. in-*12. *v. éc.*   *25 - 50 .*

464. Q. Curtius Rufus, de rebus Alexandri Magni, cum comment. S. Pitisci. *Traj. ad Rhen.* 1693, *in-8. fig. v. b.*

465. Idem, cum not. var. cur. H. Snakenburg. *Delphis,* 1724, 2 *vol. in-4. m. r. Ch. Mag.*

466. Idem. *Parisiis, Barbou,* 1757, *in-12. v. porph.*

467. Histoire d'Alexandre-le-Grand, par Quinte-Curce, en lat. et en franç. trad. par Vaugelas. *Paris,* 1772, 2 *vol. in-12. v. f.*

Histoire romaine.

468. C. Crispi Sallustii Opera, ex recens. G. Cortii. *Glasguæ,* 1751, *in-12. v. f.*

469. Les Histoires de Salluste, trad. par Beauzée, avec le texte en regard. *Paris,* 1775, *in-12. v. f.*

470. C. J. Cæsaris quæ extant, cum not. var. ex recens. J. C. Grævii. *Lugd. Bat.* 1713, *in-8. fig. vél.*

471. Idem, cura F. Oudendorpii. *Lugd. Bat.* 1737, 2 *tom. en* 1 *vol. in-4. vél.*

472. Idem. *Parisiis, Barbou,* 1755, 2 *vol. in-12. parch. non rogné.*

473. Les Commentaires de César, trad. en françois, avec le texte en regard, revus par de Wailly. *Paris,* 1803, 2 *vol. in-12. bas.*

474. La Guerre de Jules César dans les Gaules. *Parme, (Bodoni,)* 1786, 3 *vol. in-8. cart.*

475. T. Livii Historiarum quod extat, cum not. var. cur. J. Gronovio. *Amst. D. Elzevirius,* 1679, 3 *vol. in-8. v. f.*
Exemplaire de Colbert.

476. Idem, et C. Sigonii Fasti consulares. *Oxonii, e Typ. Clarend.* 1800, 7 *vol. in-8. v. f. dent. Pap. Vél.*

477. Histoire romaine de Tite-Live, trad. en françois, avec le texte en regard, par Dureau de Lamalle, revue par Noel. *Paris,* 1810, 15 *vol. in-8. v. f. dent.* pap. vélin

465. no.

467. poif. c†

chobee.

motelet.

girod

houle

lahitte

warie oncle

girod.

473. poif. x†

p.

warie oncle

477. gvep. xz†

gab. warie

Romance.

p.   Manque le titre du tome 2e.

Warie oncle   481. thou. e2 +

Boule

p.

Bartholine

Legnai.   485. guep. e +

Boule

Démon   488. Lie.

Malafait.

p.

Bartholine

Warie oncle   492. Laur. m2 +
                                493. cour. px + Lie.

478. C. Velleius Paterculus, cum notis variorum. *Lugd. Bat.* 1659, *in-8. v. b.*

479. C. C. Taciti Opera, cum not. var. ex recens. J. F. Gronovii. *Amst. Elzevir.* 1672, 2 *vol. in-8. v. b.*

480. Idem, cum not. J. Pichon, in usum Delphini. *Paris.* 1682, 4 *vol. in-4. v. f.*

481. Idem, recognovit et dissert. illustravit G. Brotier. *Paris.* 1771, 4 *vol. in-4. v. f.*

482. OEuvres de Tacite, trad. en françois, par de la Bleterie et Dotteville. *Paris*, 1768, 8 *vol. in-12. fig. v. f.*

483. Tacite, nouvelle traduction, par Dureau de Lamalle. *Paris*, 1790, 3 *vol. in-8. v. porph.*

484. Suetonius Tranquillus, cum not. var. accurante J. Schildio. *Lugd. Bat.* 1667, *in-8. v. b.*

485. Les douze Césars, trad. du latin de Suétone, avec le texte en regard, par de La Harpe. *Paris*, 1770, 2 *vol. in-8. v. porph.*

486. Abrégé de l'Histoire romaine de Florus, trad. du latin, avec le texte en regard, par l'abbé Paul. *Paris*, 1774, *in-12. v. f.*

487. Histoire Romaine, trad. de l'anglais de Laurent Echard. *Paris*, 1734, 16 *vol. in-12. v. m.*

488. Histoire des Révolutions Romaines, de Suède et de Portugal, par de Vertot. *Paris*, 1777, *et ann. suiv.* 6 *vol. in-12. v. f.*

489. Histoire de la révolution qui renversa la république romaine, par M. Nougarede. *Paris, F. Didot*, 1820, 2 *vol. in-8. dem. rel.*

490. Considérations sur les Causes de la grandeur des Romains et de leur décadence, par Montesquieu. *Paris*, 1795, 2 *tom. en* 1 *vol. in-8. v. rac.*

491. Les mêmes. *Paris, P. Didot l'aîné*, 1814, *in-8. m. r. dent. Pap. Vél.*

492. Histoire du Bas Empire, par Le Beau, continuée par Ameilhon. *Paris*, 1757, 29 *vol. in-12. v. f.*

493. Histoire de la décadence et de la chute de

l'empire romain, trad. de l'angl. de Gibbon. *Paris*, 1788, 18 *vol. in-8. dem. rel.*

494. Vie de l'empereur Julien, par de la Bleterie. *Paris*, 1746, *in-12. v. m.*

494*. La Istoria d'Italia di F. Guicciardini. *Fiorenza*, 1561, *in-fol. m. r.*

Histoire de France.

495. Dictionnaire universel, géographique, statistique, histor. et polit. de la France. *Paris*, 1804, 5 *vol. in-4. v. j.*

496. Statistique générale et particulière de la France et de ses colonies, publ. par Herbin. *Paris*, 1803, 7 *vol. in-8. et atlas in-4. dem. rel.*

497. Histoire critique de l'Établissement de la Monarchie française dans les Gaules, par Dubos. *Paris*, 1742, 2 *vol. in-4. v. f.*

498. Abrégé chronol. de l'Histoire de France, par de Mézeray. *Amst.* 1740, 4 *vol. in-4. fig. v. f.*

499. Nouvel Abrégé chronologique de l'Histoire de France, par le président Hénault. *Paris*, 1768, *in-4. dem. rel.*

500. Histoire de France, par Velly, Villaret et Garnier. *Paris*, 1769, 33 *vol. in-12. v. m.*

501. Histoire des Français, par Simonde de Sismondi. *Paris*, 1821, 3 *vol. in-8. dem. rel. dos de m. v. non rogné. Pap. Vél.*

502. Les Mémoires de Philippe de Commines. *Leide, les Elzeviers*, 1648, *in-12. m. vert.*

503. Les mêmes, publiés par Godefroy, avec les notes de Lenglet du Fresnoy. *Paris*, 1747, 4 *vol. in-4. fig. v. m.*

504. Le Règne de Louis XI, et de l'Influence qu'il a eue jusque sur les derniers temps de la troisième Dynastie, par A. Dumesnil. *Paris*, 1811, *in-8. dem. rel. dos de m. r. Pap. Vél.*

505. L'Esprit de la Ligue, par Anquetil. *Paris*, 1783, 3 *vol. in-12. v. m.*

494. dejo. m^t y^c

499. Lie.   rivindro

502. dej. m^z +

504. dejo. m^t y

Romanet.

idem

p.

Legras.

Legras.

Bartholenes

Crozat.

Uranie oncle

Bartholene

guitel.

Rouand.

Bartholene

Legras.

giroud.

Maricondes

idem

idem

$\int$ 12. pois. pz$^+$ dejou mi$^+$

$\int$ 13. Laur. az$^+$

guitel.

Bartholene

$\int$ 16. dalaf. mh$^+$

Rouand.

$\int$ 17. dejo. h$^+$

p^s

$\int$ 18. dejo. ai$^+$

506. Histoire de Henri–le-Grand, par Hardouin de Péréfixe. *Amst. les Elzeviers*, 1661, *in*-12. *m. r.*

507. Satyre Menippée, de la vertu du Catholicon d'Espagne, et de la tenue des Etats de Paris. *Ratisbonne*, 1664, *in*-12. *fig. m. cit.*

508. Mémoires de Sully. *Paris*, 1788, 6 *vol. in*-8. *v. b.*

509. Histoire du Ministère du cardinal duc de Richelieu. *Leyde, Sambix, (Elzevier,)* 1652, 2 *vol. in*-12. *v. gauffré, dent.* = L'Histoire du cardinal duc de Richelieu. *Cologne. P. Marteau, (Elzevier,)* 1666, 5 *vol. in*-12. *v. gauffré, dent.*

510. Mémoires pour servir à l'Histoire d'Anne d'Autriche, par mad. de Motteville. *Amst.* 1750, 6 *vol. in*-12. *m. r.*

511. Mémoires du comte de Brienne, contenant les événemens les plus remarquables des règnes de Louis XIII, et de Louis XIV. *Amst.* 1719, 3 *vol. in*-12. *v. f.*

512. Mémoires du cardinal de Retz. *Amst.* 1731, 4 *vol. in*-12. *m. r.* = Mémoires de Joli. *Amst.* 1718, 2 *vol. in*-12. *m. r.* = Mémoires de la duchesse de Nemours. *Amst.* 1718, *in*-12. *m. r.*

513. Mémoires du duc de La Rochefoucauld. *Paris*, 1804, *in*-12. *fig. v. f. dent. Pap. Vél.*

514. Mémoires de Louis XIV, écrits par lui-même, publiés par M. de Gain Montagnac. *Paris*, 1806, 2 *part. en* 1 *vol. in*-8. *v. b.*

515. Siècles de Louis XIV et de Louis XV, par Voltaire. *Paris, P. Didot l'aîné*, 1820, 4 *vol. in*-8. *dem. rel. dos de m. Pap. Vél.*

516. Essai sur l'Etablissement monarchique de Louis XIV, par Lémontey. *Paris*, 1818, *in*-8. *v. j.*

517. Louis XIV, sa Cour et le Régent, par Anquetil. *Paris*, 1789, 4 *vol. in*-12. *v. m.*

518. OEuvres complètes de Louis de Saint-Simon, duc et pair de France, pour servir à l'Histoire

de Louis XIV, de la Régence, etc. *Strasbourg,* 1791, 13 *tom. en 7 vol. in-8. v. porph. dent.*

519. Histoire de la Révolution de France, pendant les dernières années du règne de Louis XVI, par Bertrand de Moleville. *Paris,* 1801, 14 *vol. in-8. v. r.*

520. Dernières années du Règne et de la Vie de Louis XVI, par F. Hue. *Paris, Imprim. Roy.* 1814, *in-8. br.*

521. Liste comparative des Cinq Appels nominaux faits dans les séances du 15 au 19 janvier 1793, sur le Procès de Louis XVI. *Paris,* 1793, *in-8. v. f.*

522. Mémoires inédits de l'abbé Morellet, sur le xviiie Siècle, et sur la Révolution française. *Paris,* 1822, 2 *vol. in-8. br.*

523. Réflexions sur la Révolution de France, par Edm. Burke, trad. de l'angl. *Paris, in-8. v. j.*

524. Le Spectateur français pendant le gouvernement révolutionnaire, par Delacroix, *Paris, l'an* iii, (1795,) *in-8. v. j.* = De l'Influence de la philosophie sur les forfaits de la Révolution. *Paris, in-8. dem. rel.*

525. Considérations sur les principaux Evénemens de la Révolution française, par mad. de Staël. *Paris,* 1818, 3 *vol. in-8. v. j.*

526. La France et les Français en 1817, Tableau moral et politique, par le Sur. *Paris,* 1817, *in-8. dem. rel.*

527. Conjuration d'Etienne Marcel contre l'autorité royale, ou Histoire des Etats généraux de la France, pendant les années 1355 à 1358, par J. Naudet. *Paris,* 1815, *in-8. v. j.*

528. Du Gouvernement, des Mœurs et des Conditions en France avant la Révolution, par Senac de Meilhan. *Paris,* 1814, *in-8. v. j.*

529. Du Gouvernement de la France depuis sa restauration, et du Ministère actuel, par F. Guizot. *Paris,* 1820, *in-8. dem. rel. dos de m. vert.*

519. dejo. pz[+]   Merlin

                                          Hardillon

521 Car. az[+]

                                          Labitte

523. grep. h[+]y

                                          girard.

525. dejo. n[+]   Legras

527. dejo. p[+]y   Serres

                                          Crozet

529. deja. m[+] ss[C].

giroud.

Legras.

Kilian

533. die.

Martin

Kilian

idem

Legras.   577. dejo. n+

Kilian

idem   539. gres. am+

540 Dy.

Kilian

Romanet.

542. *. h2+ law.

Histoire de Suisse, d'Espagne, etc.

530. Lettres de William Coxe, sur l'état politique, civil, etc. de la Suisse, trad. de l'angl. *Paris,* 1781, 2 *vol. in-8. v. b.*

531. Lettres sur la Suisse, par un voyageur français, (J. B. La Borde,) en 1781. *Paris,* 1783, 2 *vol. in-8. v. f. Pap. de Holl.*

532. Histoire des Révolutions d'Espagne, par le P. d'Orléans. *La Haye,* 1724, 4 *vol. in-12. v. f.*

533. Histoire du règne de l'empereur Charles-Quint, par Robertson, trad. de l'anglais. *Paris,* 1771, 2 *vol. in-4. v. m.*

534. Histoire d'Angleterre, par David Hume, trad. de l'anglais. *Amst.* 1765, 18 *vol. in-12. v. j.*

535. Histoire des Révolutions d'Angleterre, par le P. d'Orléans. *Paris,* 1762, 4 *vol. in-12. v. f.*

536. Londres, par Grosley. *Paris,* 1788, 4 *vol. in-12. v. j.*

537. Histoire de Charles XII, par Voltaire. *Paris, P. Didot l'aîné,* 1817, *in-8. m. r. dent. Pap. Vél.*

538. Histoire de Pologne depuis son origine jusqu'en 1795, (par Monier.) *Paris,* 1807, 2 *vol. in-8. v. j.*

539. Histoire de l'anarchie de Pologne, et du démembrement de cette République, par C. Rulhière. *Paris,* 1807, 4 *vol. in-8. v. j.*

540. Mémoires sur la Révolution de Pologne, trouvés à Berlin. *Paris,* 1806, *in-8. v. j.*

541. Histoire de Russie, par P. C. Levesque, et continuée par Malte-Brun. *Paris,* 1812, 8 *vol. in-8. et atlas in-4. v. b.*

542. Des Progrès de la puissance Russe depuis son origine jusqu'au commencement du XIXe siècle. *Paris,* 1812, *in-8. v. j.*

542*. Tableau général de l'Empire Othoman, par de Mouradja d'Ohsson. *Paris,* 1787, *in-fol. fig. br. en cart. le tome* 1er.

543. Histoire philosophique et politique de l'Etablissement et du Commerce des Européens dans les Deux Indes, par G. T. Raynal. *Genève*, 1780. 10 *vol. in-8. et atlas in-4. v. b.* = Réponse à la Censure de la Faculté de Théologie, sur cet ouvrage. *Londres*, 1782, *in-8. dem. rel. dos de m. vert.*

544. Recherches philosophiques sur les Américains, par de Paw. *Londres*, 1771, 3 *vol. in-12. v. f.*

545. Histoire de l'Amérique, par Robertson, trad. de l'angl. *Paris*, 1778, 2 *vol. in-4. cart.*

Histoire littéraire.

546. Bibliothéque françoise, par l'abbé Goujet. *Paris*, 1740, 18 *vol. in-12. v. j.*

547. De l'Allemagne, par madame de Staël. *Paris*, 1814, 3 *vol. in-8. v. j.*

548. Éloges lus dans les séances publiques de l'Académie Française, par d'Alembert. *Paris*, 1789, *in-12. v. m.*

549. Dictionnaire portatif de Bibliographie, par Fournier. *Paris*, 1805, *in-8. v. r.*

550. Nouvelle Bibliothéque d'un homme de goût, (par de la Porte.) *Paris*, 1777, 4 *vol. in-12. v. m.*

551. Catalogue des Livres du Cabinet de L. J. Gaignat, par G. F. De Bure le jeune. *Paris*, 1769, 2 *vol. in-8. v. m.*

Biographie ancienne et moderne.

552. Dictionnaire historique et critique, par P. Bayle. *Rotterdam*, 1720, 4 *vol. in-fol. m. r.*

553. Analyse raisonnée de Bayle. *Londres*, 1755, 8 *vol. in-12. v. f.*

554. Dictionnaire historique, par Ladvocat. *Paris*, 1777, 3 *vol. in-8. v. m.*

555. Biographie universelle, ancienne et moderne.

545. die. of.

546. thou. pz+
547. gvep. az+

Legras.

p.

nozeran

girond.

Kilian

Daray merlin

warie oncle
Legras.
labite
legras.
girond.

556. dru.

557. Lie.

galliot.
Bartholene
Boule

561. of.

Crozet.
warié oncle

561. of.

Letellier

563. poiri p z[+]

Kilian

p.

girard.

warié oncle

567. gvep. m[+] y

Paris, 1811, *in-8. les tomes* 1 *à* 32 *v. r. et* 33 *à* 46 *br.*

556. OEuvres complettes de Plutarque, trad. du grec, par J. Amyot, avec des notes par Brotier. *Paris*, 1783, 25 *vol. in-4. m. r. dent. fig. avant la lettre. Pap. Vél.

557. Les Vies des Hommes illustres de Plutarque, trad. du grec, par Amyot. *Paris*, 1811, 16 *vol. in-12. v. j.*

558. Les Vies des plus illustres Philosophes de l'antiquité, trad. du grec de Diogène Laërce. *Amst.* 1758, 3 *vol. in-12. fig. m. r.*

559. Cornelii Nepotis Vitæ excellent. imperatorum, cum not. var. *Lugd. Bat.* 1675, *in-8. v. b.*

560. Cornelius Nepos, lat. et françois. *Paris. Barbou*, 1771, *in-12. v. f.*

561. Histoire de Scipion l'Africain, par Seran de Latour. *Paris*, 1752, *in-12. v. f.*

562. La Vie de Mohamed, par de Boulainvilliers. *Amst.* 1731, *in-12. v. b.*

563. OEuvres de Brantôme. *Londres*, 1779, 15 *vol. in-12. v. f.*

563*. Les illustres Français, ou Tableaux historiques des Grands Hommes de la France, par M. Ponce. *Paris, an* VII, (1799,) 25 *livr. en* 8 *cahiers. in-fol. br.*

564. Les Trois Siècles de notre littérature, (par Sabatier de Castres.) *Paris*, 1772, 3 *vol. in-8. v. m.*

565. Mémoires pour servir à l'Histoire de notre littérature, depuis François Ier jusqu'à nos jours, par Palissot. *Paris*, 1803, 2 *vol. in-8. v. rac.*

566. Particularités et Observations sur les ministres des finances les plus célèbres, depuis 1660 jusqu'en 1791. *Paris*, 1812, *in-8. v. j.*

567. Histoire du vicomte de Turenne, par l'abbé Raguenet. *Paris*, 1769, 2 *tom. en* 1 *vol. in-12. v. f. dent.*

HISTOIRE.

568. Histoire de la Vie et des Ouvrages de J. de La Fontaine, par M. Walckenaer. *Paris*, 1820, *in-8. br.*

569. Histoire de J. B. Bossuet, par de Bausset. *Versailles*, 1814, *4 vol. in-8. v. f.*

570. Histoire de Fénelon, par de Bausset. *Paris*, 1809, 3 *vol. in-8. v. f.*

571. Les Confessions de J. J. Rousseau. 4 *vol. in-8. fig. dem. rel.*

572. Essai sur la Vie de Th. Wentworth, comte de Strafford, ministre du roi Charles Ier, par le comte de Lally-Tolendal. *Paris*, 1814, *in-8. v. j.*

573. Vie du prince Potemkin. *Paris*, 1808, *in-8. v. j.*

574. Extrait des différens ouvrages publiés sur la Vie des Peintres, (par Papillon de La Ferté.) *Paris*, 1776, 2 *vol. in-8. v. m.*

FIN.

DE L'IMPRIMERIE DE CRAPELET,

rue de Vaugirard, n° 9.

568. pois. xᵗ
569. Lie.
570. Lie.

Norandt
nuzeran
gimd.
porquet

LIVRES NOUVEAUX,

Et Extrait du Catalogue de DE BURE *frères.*

L'Espagne sous les Rois de la Maison de Bourbon, ou Mémoires
relatifs à l'Histoire de cette Nation, depuis l'avénement de
Philippe V en 1700, jusqu'à la mort de Charles III en 1788;
écrits en anglais, sur des documens originaux inédits, par
William Coxe, auteur de l'Histoire de la Maison d'Autriche;
traduits en français, avec des notes et des additions, par
Don Andrés Muriel. *Paris*, 1827, 5 *vol. in-8. br.*
Prix de chaque volume. . . . . 6 fr.
Les 2 premiers sont en vente.

Essai sur le Système des Hiéroglyphes phonétiques du docteur
Young et de M. Champollion, trad. de l'angl. de H. Salt, par
L. Devere. *Nancy*, 1827, *gr. in-8. fig. Pap. Vél.* Prix.. 9 fr.

Ancient unedited Monuments principally of grecian art, illus-
trated and explained by James Millingen. *London*, 1822 *to*
1826, 10 *livraisons formant* 2 *vol. très grand in-4. Pap. Vél.*
fig. coloriées. . . . . 180 fr.
L'ouvrage est complet.

Dionis Cassii historia romana, gr. et lat. cum notis variorum,
curante F. G. Sturzio. *Lipsiæ*, 1824, 8 *vol. in-8. br.* 132 fr.

Ouvrages de M. le baron SILVESTRE DE SACY, *membre de*
l'Académie de Inscriptions, etc.

Chrestomathie arabe, ou Extraits de divers écrivains arabes,
tant en prose qu'en vers, avec une traduction française et
des notes, à l'usage des élèves de l'École royale et spéciale
des langues orientales vivantes. Seconde édition, corrigée
et augmentée, par M. le baron Silvestre de Sacy. *Paris*,
Imp. Roy. 1826, 3 *vol. grand in-8. br. contenant chacun*
700 *pages d'impression.* Prix de chaque volume. . . . 21 fr.
Cette nouvelle édition a l'avantage de réunir dans le même volume le
texte et la traduction.
Les tomes 1 et 2 paroissent. Le tome 3 est sous presse.

Grammaire arabe. *Paris, Imp. Roy.* 1810, 2 *vol. grand in-8.*
fig. br. . . . . 24 fr.
— La même, *Pap. Vél. cart*. . . . . 48 fr.

Calila et Dimna, ou Fables de Bidpaï, en arabe, précédées d'un
Mémoire sur l'origine de ce livre, et suivies de la Moallaka
de Lébid, en arabe et en français. *Paris, Imp. Roy.* 1816,
in-4. br. . . . . 20 fr.
— Le même ouvrage, *Pap. Vél*. . . . . 35 fr.

Pend-Naméh, ou Livre des Conseils, de Férid-eddin Attar, en
persan et en français. *Paris, Imp. Roy.* 1819, *in-8. br.* 20 fr.
— Le même, *en Pap. Vél*. . . . . 30 fr.

Testament de Louis XVI, avec une traduction arabe. *Paris,
Imp. Roy.* 1820, *in-12. br*................... 2 fr. 5o c.
— Le même, *Pap. Vél. br*...................... 5 fr.
Les Séances de Hariri, publiées en arabe, avec un Commentaire
choisi. *Paris, Imp. Roy.* 1822, *in-fol. br*.......... 6o fr.
— Les mêmes, *en Pap. Vél.*...................... 9o fr.
— Les mêmes, *la seconde partie séparément*........ 3o fr.
Il ne reste que quelques exemplaires de cette seconde partie.
Recherches historiques et critiques sur les Mystères du Paga-
nisme, par M. le baron de Sainte-Croix; seconde édition,
revue et corrigée par M. Silvestre de Sacy, dédiée au Roi.
Paris, 1817, 2 *vol. in-8. br. avec 2 planches*....... 15 fr.
— Les mêmes, *Pap. Vél.*....................... 3o fr.
Mémoires sur diverses Antiquités de la Perse. *Paris, de l'Im-
primerie du Louvre,* 1793, *in-4. fig. br.*........... 15 fr.
— Les mêmes, *Pap. Fin*....................... 21 fr.

Ouvrages de M. Augustin-Louis CAUCHY, *membre de l'Insti-
tut, Académie royale des Sciences, etc.*

Cours d'Analyse de l'École royale Polytechnique. *Paris, Impr.
Roy.* 1821, *in-8. br.* Le tome premier............. 6 fr.
Résumé des Leçons données à l'École royale Polytechnique, sur
le Calcul infinitésimal. *Paris, Imprimerie Royale,* 1823,
in-4. br. Le tome premier...................... 5 fr.
Mémoire sur les Intégrales définies prises entre des limites
imaginaires. *Paris,* 1825, *in-4. brochure de* 68 *pages.* 3 fr. 5o c.
Mémoire sur l'analyse des puissances et des différences, et sur
l'intégration des équationss linéaires. 1825, *grand in-4. con-
tenant* 12 *pages*............................. 2 fr.
Ce Mémoire est lithographié.
Exercices de Mathématiques, première année. *Paris,* 1826,
12 *livraisons formant* 1 *vol. in-4*................ 18 fr.
Chaque livraison se vend................... 1 fr. 5o c.
Les 13e et 14e livraisons, 1re et 2e de la seconde année,
viennent de paroître.
Leçons sur les Applications du Calcul infinitésimal à la Géo-
métrie. *Paris, Imp. Roy. septembre* 1826, *in-4. br. Le tome
premier, de* 4oo *pages d'impression*.............. 8 fr.
Cet ouvrage est destiné à faire suite au Résumé des Leçons sur le
Calcul infinitésimal.
Mémoire sur l'application du Calcul des Résidus à la solution
des problèmes de physique mathématique. *Paris,* 1827,
in-4. br. .... 3 fr. 5o c.